집에서 직접 키워먹는 · SPROUT VEGETABLE

싹채소 키우기

OSUNG

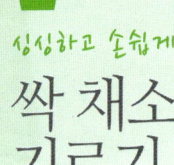

싱싱하고 손쉽게
싹 채소 기르기
1

006 PROLOGUE

010 싹채소 이야기 (vegetable sprout)

012 여러 가지 유형의 싹채소

013 여러 가지 기능성을 가진 싹채소

015 다양하게 이용하는 싹채소

016 싹채소를 기르기 위한 준비

019 싹채소 기르기
- **019** I. 콩나물 type으로 기르기
- **022** II. 무순이 type으로 기르기

026 싹채소 종류
- **026** 01 배추과 브로콜리싹(순한맛)
- **028** 02 배추과 배추싹
- **030** 03 배추과 겨자싹(매운맛)
- **032** 04 배추과 다채싹(순한맛)
- **034** 05 배추과 케일싹
- **036** 06 배추과 크레스싹(강한 매운맛)
- **038** 07 배추과 무싹(매운맛)
- **040** 08 배추과 순무싹(매운맛)
- **042** 09 배추과 적무싹(매운맛)
- **044** 10 배추과 적양배추싹(약간 단맛)
- **046** 11 콩과 알팔파싹(순한맛)
- **048** 12 백합과 부추싹

050	13 백합과 파싹
052	14 백합과 아마란스싹
054	15 꿀풀과 들깨싹
056	16 콩과 완두싹
058	17 화본과 밀싹(약한 단맛)
060	18 화본과 보리싹
062	19 마디풀과 메밀싹

064 **싹 채소로 만드는 요리**

071 **싹채소 키우기 Q&A**

싱싱하고 손쉽게
어린잎 채소 기르기
2

076 **어린잎 채소 이야기 (vegetable sprout)**

077 **가정에서 어린잎 채소 키우기**

080 **어린잎 채소 키우기**

082 **어린잎 채소(baby leaf vegetable)의 기능성**

086 **어린잎 채소(baby leaf vegetable)의 종류**

088 **어린잎 채소 종류**
| 088 | 배추과 겨자 |
| 092 | 배추과 경수채 |

096	명아주과	근대
100	국화과	레드 치커리
104	국화과	로메인 상추
108	국화과	쑥갓
112	배추과	아마란스
116	국화과	엔디브
120	꿀풀과	잎들깨
124	명아주과	비트
128	국화과	적축면 상추
132	배추과	청경채
136	배추과	적소송채
140	배추과	케일
142	배추과	잎브로콜리

146 **어린잎 채소 키우기 Q&A**

맛있는 허브 기르기 3

154 허브 이야기 (herb)

155 허브 종류

157 허브의 이용

159 허브 키우기

162 허브

162	꿀풀과 01 라벤다
164	꿀풀과 02 로즈마리
166	배추과 03 로켓 샐러드(루콜라)

168	꿀풀과 04 스위트 바질
170	미나리과 05 삼엽채 (三葉菜, 파드득나물)
172	꿀풀과 06 세이지
174	꿀풀과 07 오레가노
176	백합과 08 차이브
178	미나리과 09 파슬리
180	미나리과 10 고수

182 기타

182	국화과 01 고들빼기
184	국화과 02 곤드레
186	국화과 03 씀바귀
188	번행초과 04 아이스 플랜트
190	미나리과 05 당근

194 허브 키우기 Q&A

196 용어

PROLOGUE

　　　　수십 년 전만해도 자연 속에서 직접 채소 농사를 짓고 필요할 때 바로 수확하여 이용하는 것이 일상이었지만, 산업화·도시화에 따라 아스팔트와 콘크리트에 둘러싸인 도심에서는 필요한 채소를 시장에서 구입해야 하고 주변에서 상추 한포기 키울 수 있는 흙 한줌조차 구하기 쉽지 않은 것이 오늘의 현실입니다.

최근에는 단순히 배불리 먹을 수 있는 먹거리 보다는 기능성과 안전성이 우수한 먹거리에 대한 관심과 수요가 증가하고 있습니다. 이에 따라 농약이나 중금속에 대한 걱정 없이 몸에 좋은 채소를 안심하고 이용할 수 있는 방편으로, 아울러 바쁜 일상에서 잠깐의 여유를 갖기 위해 아파트의 베란다나 일반 주택의 옥상, 또는 주변의 자투리 공간을 활용한 채소재배가 주목받고 있습니다.

농촌에서 오랜 경험과 전문기술을 갖춘 농사꾼이 충분한 햇빛, 천혜의 자연조건에서 채소를 재배하는 것과는 달리, 아파트 베란다와 같은 실내 조건에서의 채소재배는 도심의 초보자에게 그리 쉽지만은

않습니다. 부족한 햇빛과 농자재, 미숙한 관리로 처음 시작했을 때의 당찬 포부와는 달리 수확의 기쁨을 맛보지 못하고 실패하는 경우가 종종 있습니다.

이 책은 아파트 베란다와 같은 실내에서 누구라도 손쉽게 도전해볼 수 있는 싹채소 재배, 종이컵을 재배용기로 이용한 간편한 어린잎 채소 재배, 허브 재배 방법, 영양적 가치, 요리법 등에 관한 정보를 사진과 글로 자세히 담고 있습니다.

'브로콜리싹'에 함유된 설포라판(sulforaphane)이라는 기능성 성분의 강력한 항암효과에 대한 보고로 관심과 주목을 받게 된 싹채소는 뛰어난 영양·기능적 가치뿐만 아니라 별도의 재배공간을 필요로 하지 않고 베란다, 창가, 부엌 등에서 간단한 소품을 이용한 손쉬운 재배로, 일주일 정도면 수확하여 이용할 수 있기 때문에 그 이용이 늘고 있습니다. 전개된 잎이 3~5매 정도의 어린 상태로 수확하여 샐러드 등으로 이용하는 어린잎 채소는, 일반 엽채류에 비해 재배기간이 짧기 때문에 병해충이 발생할 우려가 낮으며 일반적으로 이용하는 성숙된 잎에 비해 질감이 부드럽고 특유의 풍미나 비린 맛이 강하지 않아 아이들이나 노인들도 즐겨 먹을 수 있다는 장점이 있습니다.

싹채소, 어린잎 채소, 허브 재배에 도전하여, 씨뿌리고 키우고 수확하고 맛보는 즐거움을 누리시길 바랍니다.

VEGETABLE SPROUT

'싹 채소'는 '싹기름 채소',
'새싹 채소'라고 한다.
특정 채소를 일컫는 것이 아니라
각종 채소 또는 곡물 종자의 싹이
트고 자라면 어린 떡잎이나
잎 또는 줄기를 수확하여
신선한 상태로
이용하는 것을 총칭한다.

싱싱하고 손쉽게
싹 채소 기르기

싹 채소 이야기(vegetable sprout)

1994년 미국 존스홉킨스 의과대학 폴 텔러레이(Paul Talalay)교수에 의해 브로콜리 싹 채소에 함유된 설포라판(sulforaphane)이 강한 암 예방효과를 갖는다는 것이 밝혀지면서, 싹 채소에 대한 관심과 이용이 꾸준히 늘고 있다. 가정에서도 쉽게 키울 수 있는 영양 만점의 '싹 채소' 키우는 방법과 이용법을 알아보자.

'싹 채소'가 무엇인가요?

'싹 채소'는 '싹기름 채소', '새싹 채소'라고 한다. 특정 채소를 일컫는 것이 아니라 각종 채소 또는 곡물 종자의 싹이 트고 자라면 어린 떡잎이나 잎 또는 줄기를 수확하여 신선한 상태로 이용하는 것을 총칭한다. 보통은 종자에서 싹이 나온 후 본잎이 1~3매 정도가 나올 때까지의 어린 채소를 의미한다.

'싹 채소'에는 어떤 성분이 들어 있나요?

싹 채소에는 생장에 필요한 비타민, 미네랄(무기염류), 피토케미컬(phytochemical) 등 다양한 영양성분이 응축되어 있어 '천연영양제'라고도 한다. 비타민, 미네랄 등이 다 자란 채소의 3~4배에 이른다. 위암, 위궤양 발생 억제 효과가 있는 것으로 알려져 있는 브로콜리의 설포라판(sulforaphane) 성분은 다 자란 채소보다 싹 채소에 훨씬 더 많이(약 10~20배) 함유되어 있는 것으로 보고되고 있다.

'싹 채소' 종류에는 어떤 것이 있나요?

싹 채소 종류에는 브로콜리, 양배추, 적양배추, 배추, 케일, 무, 적무 등 배추과 작물이 많이 있으며, 그 외에 알팔파, 메밀 등 다양한 종자가 있다.

TIP 싹 채소와 어린잎 채소는 이렇게 달라요

일반적으로 싹 채소는 씨를 뿌린 후 본잎이 나오기 전에 식물체 전체 또는 떡잎과 배축을 먹는다. 어린잎 채소는 보통 본잎이 2~3매 정도 나와 손가락 정도의 길이가 되었을 때, 뿌리 또는 뿌리와 떡잎을 제거하고 먹는다.

TIP 싹 채소로 먹는 부위

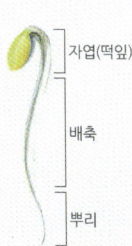

싹 채소는 지엽(떡잎), 배축, 뿌리 부분으로 이루어지며, 종류에 따라 다르지만 지엽과 배축을 먹거나 뿌리를 포함해 싹 채소 전체를 먹는다.

여러 가지 유형의 싹 채소

콩나물 type
어두운 곳에서만 키워 녹화(綠化)되지 않은 것을 말한다. 콩나물, 숙주나물, 알팔파 등이 있다. 식물체 전체를 식용한다.

무순이 type
줄기가 클 때까지 어두운 곳에서 기르고, 그 후 충분한 빛을 쬐서 녹화한 것을 말한다. 무, 브로콜리, 적양배추, 겨자, 크레스, 콩싹, 메밀 등을 이용한다. 대개 뿌리를 제외한 윗부분을 식용한다.

중간 type
어두운 곳에서 발아시킨 후 녹화시킨 것을 말한다. 주로 브로콜리를 이용한다. 식물체 전체를 식용한다.

발아시킨 것
발아 직후에 종자째 먹는 것을 말한다. 발아현미 등이 있다.

여러 가지 기능성을 가진 싹 채소

영양의 보고…

종자는 온도·산소·수분·빛 등의 조건이 만족되면 물질대사가 활발해지고 발아가 시작된다. 발아 과정에서 종자는 수분을 흡수하고, 활발하게 호흡하며, 호르몬의 작용에 의해 점점 성장이 촉진되어 싹 채소가 된다.

싹 채소에는 건조한 종자 상태에서는 존재하지 않았던 종류의 비타민이나 그 외 영양성분을 함유하고 있다. 싹 채소에는 항산화·항암 효과가 있는 비타민 A, C, E, SOD(superoxide dismutase), 셀레늄(selenium) 등을 함유하고 있다. 비타민 등 산화방지제는 혈액 내 지방의 산화를 방지하며, 효소는 인체 소화기에서 식품을 분해하여 인체가 영양분을 쉽게 이용할 수 있도록 하는 기능을 한다. 또한 싹 채소는 음식물을 통하여 섭취해야 할 8가지 필수 아미노산을 모두 함유하고 있다. 미네랄 함량도 다 자란 채소에 비해 3~4배까지 많다.

브로콜리 등 배추과 채소에 포함되어 있는 설포라판(sulforaphane)은 강력한 항암 효과가 있는 것으로 알려져 있다. 브로콜리에는 케르세틴(quercetin), 글로타티온(glutathione) 등의 영양소도 포함되어 있다. 메밀싹은 메밀 종자의 2배에 가까운 루틴(lutin)을 함유하고 있으며, 종자에는 없는 클로로겐산(chlorogenic acid)과 다양한 플라보노이드(flavonoid)를 함유하고 있다.

다이어트에 효과…

싹 채소는 신체에 쉽게 흡수되고 다량의 저칼로리 영양분을 제공한다. 신체 내부의 자체정화능력을 싹과 싹의 즙이 자극하면 전반적으로 신진대사가 원활해지며, 다량의 섬유질로 인하여 배변이 잘 된다. 특히 무싹, 알파파싹, 클로바싹은 체중감량에 좋다.

미용식으로 좋아…

싹 채소에 들어 있는 산화방지제와 다양한 식품 효소는 노화를 방지해 준다. 비타민 A, C, E 등 산화방지제는 혈액 내 지방의 산화를 방지하며, 효소는 인체 소화기에서 식품을 분해하여 인체가 영양분을 쉽게 이용할 수 있게 하는 기능을 한다. 이러한 효소는 노화를 더디게 하고, 피부 세포를 활성화하여 활력 있고, 건강한 피부를 만들어 준다.

다양하게 이용하는 싹 채소

싹 채소는 다 자란 채소와 비교해 비타민과 무기질 등 각종 영양소 함유량이 많고 화학비료를 전혀 사용하지 않고 무농약으로 재배하기 때문에 웰빙 식품으로 각광받고 있다. 유기농법으로 재배한 채소 중 가장 맛있고 영양이 가득하기 때문에 생식용, 샐러드용으로 가장 많이 이용하며, 그 외에 건강 주스, 녹즙, 천연마사지, 반신욕, 천연비누, 화장품 등의 소재로도 활용이 가능하다.

싹 채소는 동결 건조하여 파우더(가루) 형태로도 이용할 수 있는데 싹 채소 파우더의 경우 비타민류, 엽산, 식이섬유 함량이 높아 영양 면에서 우수하며 혈중 지질 개선효과가 있는 것으로 알려져 있다.

싹 채소, 어린잎 채소의 활용방안

구분	용도		활용
싹 채 소 및 어 린 잎 채 소	요리용		새싹라면, 새싹모듬쌈밥, 싹 채소 비빔밥, 새싹 굴수제비, 새싹 북어국, 모듬새싹샐러드, 새싹말이, 삼각김밥, 새싹유부초밥, 어린잎샌드위치, 어린잎 두부스테이크 등
	음료	새싹 건강 주스	당근+감+무순싹 (감기예방) 멜론+연근 +보리싹 (고혈압) 키위+사과+케일 (고혈압) 참마+무+보리싹 (당뇨병) 호박+메밀싹 (당뇨병) 멜론+오렌지+메밀싹 (동맥경화) 사과+고구마+알팔파싹 (변비) 포도+레몬+크레스싹 (숙취) 배+바나나+양배추싹 (피로회복, 감기예방) 오이+사과+유채싹 (피부미용)
		녹즙	케일혼합즙, 유기농브로콜리즙, 유기농케일즙
	미용		천연 마사지팩
	웰빙 반신욕		옥수수싹+녹차목욕 (노화예방, 피부습진 개선) 깻잎목욕+양배추싹 (혈액순환 개선, 관절염) 다시마목욕+겨자싹 (신진대사, 다이어트) 쌀겨목욕+메밀싹 (어깨결림, 신경통, 관절염)
	2차 가공품		천연비누, 천연화장품
	인테리어 활용		실내정원, 숲공예, 화장실 꾸미기

※ 출처 : 싹 채소·쌈 채소 생산, 유통 실태 및 육성방안 (2006, 한국농촌경제연구원)싹 채소를 기르기 위한 준비

싹 채소를 기르기 위한 준비

싹 채소를 기르기 위한 준비물

1 싹 채소 전용 종자
2 스푼
3 키친타월 또는 거즈
4 싹 채소 재배 용기
5 분무기

종자 구하기

시중에서 판매하는 싹 채소 전용 종자

일반적으로 시판하는 재배용 채소 종자는 종자 발아 및 육묘 시 발생할 수 있는 병원균을 제거하기 위해 종자표면에 살균 처리가 되어 있다. 그러나 싹 채소의 경우 종자를 물에 불린 후 일주일에서 열흘 정도 키워서 바로 먹기 때문에 살균제를 뿌린 종자를 이용해서는 안 된다. 살균 처리가 안 된 '싹 채소 전용 종자'를 구입해서 이용해야 한다. 원예 자재를 판매하는 용품점이나 대형마트, 인터넷 사이트 등에서 '싹 채소 전용 종자'를 판매한다.

작물 종류별 종자의 수명
(12~21℃, 습도 70% 조건 하)

작물명	수명(년)	작물명	수명(년)
겨자	5	브로콜리	5
로켓	5	알팔파	4
무	3	양파	0.5~2
메밀	2	완두	5
미즈나	5	셀러리	5
밀	2	콜리플라워	5
배추	5	크레스(물냉이)	5
보리	2	클로버	4

자료출처: www.sproutpeople.com

생산된 지 오래된 종자나 고온·다습 등 열악한 조건에서 보관한 종자는 종자의 수명이 단축되어 발아율이 떨어지거나, 활력이 떨어져 생육이 고르지 않을 수 있다. 구입 시에는 원산지, 생산연도 등을 확인하며, 생산 이력이 명확한 종자를 이용하는 것이 좋다. 종자 구입 후 이용하기 전까지 저장 시에는 서늘하고 건조하며 어두운 곳 또는 냉장고 등에 보관하도록 한다.

TIP 종자구입 시 유의사항

종자를 물에 불린 후 일주일에서 열흘 정도 키워 바로 먹기 때문에, 살균제를 뿌린 일반 재배용 종자를 이용해서는 안 된다. '싹 채소 전용 종자'를 구입해서 이용 하도록 한다.

싹 채소 재배를 위해 시중에 가정용 싹 채소 재배기를 판매하고 있으며, 가정에 콩나물 재배기가 있으면 이를 이용해도 된다. 가정에서 싹 채소를 재배할 경우, 양이 많지 않기 때문에 조그만 플라스틱 화분이나 일회용 플라스틱 용기 등을 활용해도 된다. 그 외에 바구니, 작은 그릇 또는 커피잔, 유리병 등도 활용할 수 있다.

싹 채소 재배를 위한 용기

싹 채소 재배용 종자

싹 채소 기르기

키우고자 하는 싹 채소의 형태에 따라 키우는 방법이 다소 다르다.
우선, 콩나물 또는 중간 type의 싹 채소를 키우는 방법을 소개하고자 한다.

I. 콩나물 type으로 기르기

종자 물에 불리기

종자를 물에 불리면 싹 채소 종자 내부에 수분이 침투하여 발아를 촉진한다. 수온이 20°C 정도인 물에 6~8시간 정도 담가 둔다. 종자를 물에 담가 둔 동안 종자에 산소 공급을 해 주어야 하므로, 가끔 저어 주거나 새로운 물로 갈아 준다.

종자 담기

입구가 넓은 병이나 작은 화분과 같은 재배 용기에 1/4 정도 부피로 종자를 담는다.
병을 이용할 경우, 종자를 닦은 후 거즈와 고무줄을 이용하여 병 입구를 덮는다.
화분을 이용할 경우 키친타월, 거즈나 솜 등을 깔고 종자를 담는다.

물 주기

하루에 4~5번 정도 병이나 화분 위에 물을 준다. 병을 이용한 경우 물을 준 후 뒤집어 병 입구에 덮어 놓은 거즈를 통해 물을 빼주도록 한다. 건조하면 잔뿌리가 발생할 수 있으므로 충분한 양을 주도록 한다.

관리하기

싹 채소가 자라기에 적절한 온도는 약 23℃이다. 종자가 발아하는 과정에서 많은 열이 발생하므로 주기적으로 통풍을 해줄 필요가 있다. 콩나물 타입 싹 채소는 재배 중 빛을 쪼여 주지 않아 노란색을 띠지만, 수확 1~2일 전 빛을 쪼여 주면 초록색을 띠게 된다.
싹 채소는 재배기간이 짧아 병충해가 발생할 가능성이 적으나, 물 주기 등 관리에 부주의할 경우 곰팡이가 발생하거나 식물체가 변질될 수 있으므로, 주기적으로 깨끗한 물로 갈아주는 등 관리에 주의한다.

싹 채소 수확하기

싹 채소 종류나 계절에 따라 차이가 있지만, 5~10일 정도가 지나면 대략 3~6cm 정도의 길이가 되어 먹을 수 있다. 수확시기가 되면 필요한 만큼 손으로 뽑아서 씨앗 껍질을 제거한 후 물로 씻으면 된다.
겨울철에는 따뜻한 실내에서 키우다가 수확 시기가 되면 베란다 등 추운 곳으로 옮겨 놓으면 싹 채소가 성장을 늦추어 필요할 때마다 수확하면 된다. 깨끗이 씻어 샐러드나 비빔밥 등에 넣어 먹는다.

TIP 여러 가지 유형의 싹 채소

콩나물 type : 어두운 곳에서만 키워 녹화(綠化)되지 않은 것을 말한다. 콩나물, 숙주나물, 알팔파 등을 주로 이용하며 식물체 전체를 식용한다.

중간 type : 어두운 곳에서 발아시킨 후 녹화시킨 것을 말한다. 주로 브로콜리를 이용한다. 식물체 전체를 식용한다.

무순이 type : 줄기가 클 때까지 어두운 곳에서 기르고, 그 후 충분한 빛을 쬐서 녹화한 것을 말한다. 무, 브로콜리, 적양배추, 겨자, 크레스, 콩싹, 메밀 등을 이용한다. 대개 뿌리를 제외한 윗부분을 식용한다.

II. 무순이 type으로 기르기

종자 물에 불리기

종자를 물에 불리면 싹 채소 종자 내부에 수분이 침투하여 발아를 촉진한다. 수온이 20℃ 정도인 물에 6~8시간 정도 담가 둔다. 종자를 물에 담가 둔 동안 종자에 산소 공급을 해 주어야 하므로, 가끔 저어 주거나 새로운 물로 갈아 준다.

종자 뿌리기

재배용기에 키친타월, 거즈나 솜 등을 깔고 분무기로 물을 뿌려 충분히 적셔 준다. 불린 종자를 스푼을 이용하여 용기에 잘 펼쳐 준다. 종자가 한곳에 뭉쳐 있으면 균일하게 잘 자라지 않으므로 세심하게 펼쳐 준다.

물 주기

하루에 4~5번 정도 분무기를 이용하여 물을 뿌려 준다. 건조하면 잔뿌리가 발생할 수 있으므로 충분한 양을 주도록 한다.

관리하기

싹 채소가 자라기에 적절한 온도는 약 23°C이다. 종자가 발아하는 과정에서 많은 열이 발생하므로 주기적으로 통풍을 해 줄 필요가 있다. 처음에는 어두운 곳에 두다가 종자를 뿌린 후 2~3일 후부터 빛을 쪼여 준다. 종자를 뿌린 후 바로 빛을 쪼여 주면 싹 채소가 제대로 자라지 않을 수 있으므로 주의한다. 뿌리가 건강하게 자라면 뿌리 표면에 하얀 솜털 같은 뿌리가 나온다. 곰팡이처럼 보일 수도 있지만 곰팡이는 아니다. 3~4일 정도 되면 싹 채소의 뿌리 키친타월에 단단하게 내리기 시작하는데, 이때부터는 용기 한쪽 모서리 부분에 물을 부어주어도 된다.

수확하기

싹 채소 종류나 계절에 따라 차이가 있지만, 5~10일 정도가 지나면 대략 5~10cm 정도의 길이가 되어 먹을 수 있다. 수확시기가 되면 필요한 만큼 손으로 뽑아서 칼이나 가위로 뿌리 부분을 잘라내고 씨앗 껍질을 제거한 후 물로 씻으면 된다.

또한 매일매일 조금씩 뽑아서 먹을 수도 있는데, 자라는 떡잎 이외의 본엽이 나오기 전까지 싹 채소를 수확할 수 있다. 겨울철 따뜻한 실내에서 키우다가 수확시기가 되면 베란다 등 추운 곳으로 옮겨 놓으면 싹 채소가 성장을 늦추어 필요할 때마다 수확할 수 있다. 깨끗이 씻어 샐러드나 비빔밥 등에 넣어 먹는다.

> **TIP 싹 채소 색깔 만들기**
>
> 종류에 따라 차이가 있지만 싹 채소는 빛을 얼마만큼 쪼여 주느냐에 따라 연노랑이 연두색으로, 연두색이 연초록으로 변한다. 알팔파 싹 채소는 기르는 기간에 빛을 쪼여 주지 않으면 연노랑 색으로 수확할 수 있다. 종자를 뿌린 후 2~3일 후부터 빛을 쪼여 주면 초록색 싹 채소를 키울 수 있다. 일부는 연노랑 색으로 수확하고 나머지는 빛을 쪼여 주어 원하는 색깔로 새싹을 수확해 먹으면 더욱 재밌는 새싹 기르기가 될 수 있다. 아이들과 함께 색깔 만들기에 도전해 보자!

싹 채소의 품목별 수확시기와 맛

종자	수확시기(일)	맛
무	5~6	매운맛
적무	5~6	매운맛
알팔파	6~7	순한맛
브로콜리	6~7	순한맛
순무	6~7	매운맛
배추	6~7	배추맛
적양배추	6~7	약간 단맛
다채	6~7	순한맛
겨자	6~7	매운맛
설채	6~7	순한맛
크레스	6~7	상추맛
들깨	9~12	향이 좋고 약간 쓴맛
해바라기	9~10	고소한 맛
소송채	6~7	순한맛
비트	9~10	순한맛
밀	9~12	약간 단맛
쌀보리	7~8	약간 단맛
근대	9~10	순한맛
옥수수	9~10	강한 단맛
클로버	6~7	고소한 맛
홍화	9~10	숙주나물 맛
메밀	9~10	달고 비린 맛
완두	9~10	단맛
부추	12~14	연한 부추맛
파	12~14	파맛
경수채	7~8	순한맛
아마	7~8	순한맛
치커리	8~10	약간 쓴맛
케일	9~10	순한맛

※ 출처: 싹 채소·쌈 채소 생산, 유통 실태 및 육성방안
(2006, 한국농촌경제연구원)

01 배추과

브로콜리 종자

브로콜리

브로콜리싹 (순한맛)

설포라판이라는 항암물질을 다량 함유하고 있어, 암 예방과 암세포 증식을 억제하며 항산화 작용 및 유해물질을 해독하는 역할을 한다. 카로틴을 함유하고 있어 야맹증 예방에 효과가 있으며, 피부와 점막에 저항력을 길러 피부 트러블 방지에 도움을 준다.

풍부한 영양소	기대 효능
설포라판(sulforaphane)	항산화 작용, 유해물질 해독 작용
카로틴 (체내에서는 비타민 A)	미백효과, 면역기능 유지
비타민 C	면역력 증강, 항산화 작용, 기미 방지
비타민 E	노화방지, 심장·뇌의 건강 유지

브로콜리싹 기르기

1 물에 적신 거즈 (또는 키친타월) 위에 종자를 겹치지 않게 잘 펼쳐준다. 마르지 않도록 뚜껑을 덮어 어두운 곳에 둔다. (2일째)

2 매일 분무기로 물을 주며 상태를 확인한다. 고인 물은 수시로 갈아준다. (4일째)

3 2~3cm 정도 자라면 밝은 곳으로 옮겨 빛을 쪼여준다. (7일째)

02 배 추 과

배추 종자

배추

배추싹

이소티오시아네이트 성분이 항산화, 항암 작용을 하며, 아미노산의 일종인 시스틴이 들어 있어 피부 활성에 도움을 준다.
위장에 좋으며 정신을 맑게 하고 갈증을 덜어준다. 대소장을 원활하게 해주므로 변비에도 효과가 있다.

풍부한 영양소	기대 효능
이소티오시아네이트 (isothiocyanate)	항산화 작용, 항암 작용
비타민 C	면역력 증강, 항산화 작용, 기미 방지
시스틴(cystine)	아미노산, 피부활성, 미용효과
칼슘(Ca)	골격 형성, 신경 안정 등

배추싹 기르기

1 물에 적신 거즈 (또는 키친타월) 위에 종자를 겹치지 않게 잘 펼쳐준다. 마르지 않도록 뚜껑을 덮어 어두운 곳에 둔다. (2일째)

2 매일 분무기로 물을 주며 상태를 확인한다. 고인 물은 수시로 갈아준다. (4일째)

3 2~3cm 정도 자라면 밝은 곳으로 옮겨 빛을 쬐여준다. (7일째)

03 배추과

겨자 종자

겨자

겨자싹 (매운맛)

매운맛 성분의 일종인 이소티오시아네이트가 들어 있어 항산화, 항암 작용을 한다. 몸 안의 어독을 풀어주는 효과가 있으며 비타민 A, C가 풍부하며 카로틴, 칼슘, 철을 함유하고 있다.

풍부한 영양소	기대효능
이소티오시아네이트 (isothiocyanate)	매운맛, 항산화 작용, 항암 작용
카로틴 (체내에서는 비타민 A)	시력강화, 미백효과, 면역기능 유지
비타민 C	면역력 증강, 항산화 작용, 기미 방지
칼륨(K)	나트륨(염분) 배출 촉진, 혈압 저하
칼슘(Ca)	골격형성, 신경 안정 등

겨자싹 기르기

1 물에 적신 거즈 (또는 키친타월) 위에 종자를 겹치지 않게 잘 펼쳐준다. 마르지 않도록 뚜껑을 덮어 어두운 곳에 둔다. (2일째)

2 매일 분무기로 물을 주며 상태를 확인한다. 고인 물은 수시로 갈아준다. (4일째)

3 2~3cm 정도 자라면 밝은 곳으로 옮겨 빛을 쪼여준다. (7일째)

04 배추과

다채 종자

다채

다채싹 (순한 맛)

비타민 A, B₁, B₂, C 등 여러 가지 비타민을 많이 함유하고 있어 '비타민채'로 불린다. 생체 100g을 먹으면 비타민 A 하루 필요량 약 80%를 섭취할 수 있으며, 시력 강화, 피부 미백, 야맹증 예방에 효과가 있다.

풍부한 영양소	기대 효능
카로틴 (체내에서는 비타민 A)	시력강화, 미백효과, 면역기능 유지
비타민 B_1, B_2	탄수화물 에너지 대사 촉진, 성장촉진
비타민 C	면역력 증강, 항산화 작용, 기미 방지
칼슘 (Ca)	골격형성, 신경 안정 등

다채싹 기르기

1 물에 적신 거즈 (또는 키친타월) 위에 종자를 겹치지 않게 잘 펼쳐준다. 마르지 않도록 뚜껑을 덮어 어두운 곳에 둔다. (2일째)

2 매일 분무기로 물을 주며 상태를 확인한다. 고인 물은 수시로 갈아준다. (4일째)

3 2~3cm 정도 자라면 밝은 곳으로 옮겨 빛을 쪼여준다. (7일째)

05 배추과

케일 종자

케일

케일싹

비타민 C, 카로틴, 단백질 함량이 높다. 카로틴은 면역력 증강, 동맥경화 예방에 효과가 있다.
간 기능을 향상시키고 혈중 콜레스테롤을 낮게 하는 기능과 고혈압 증상을 개선하고 혈당치를 정상으로 되돌리는 작용을 한다.

풍부한 영양소	기대 효능
카로틴 (체내에서는 비타민 A)	시력강화, 미백효과, 면역기능 유지
비타민 C	면역력 증강, 항상화 작용, 기미방지
철(Fe)	적혈구 구성성분, 빈혈 예방, 면역력 강화
칼슘(Ca)	골격형성, 신경 안정 등

케일싹 기르기

1 물에 적신 거즈 (또는 키친타월) 위에 종자를 겹치지 않게 잘 펼쳐준다. 마르지 않도록 뚜껑을 덮어 어두운 곳에 둔다. (2일째)

2 매일 분무기로 물을 주며 상태를 확인한다. 고인 물은 수시로 갈아준다. (4일째)

3 2~3cm 정도 자라면 먹을 수 있다. (7일째)

06 배추과

크레스 종자

크레스

크레스싹 (강한 매운맛)

간을 깨끗하게 해주어 혈액 정화에 좋다. 카로틴이 들어 있어 시력강화에 도움을 주며 미백효과도 있다. 비타민 E가 들어 있어 노화예방, 심장과 뇌의 건강을 유지하는데 도움을 준다. 영양분의 대사나 이뇨작용, 위액이나 담즙의 분비를 촉진하는 것으로 알려져 있다.

풍부한 영양소	기대 효능
카로틴 (체내에서는 비타민 A)	시력강화, 미백효과, 면역기능 유지
비타민 B_1	신경전달물질의 생성과 합성에 관여, 탄수화물 대사 촉진
비타민 C	면역력 증강, 항산화 작용, 기미 방지
비타민 E	노화예방, 심장·뇌의 건강유지, 위액 분비 촉진

크레스싹 기르기

1 물에 적신 거즈 (또는 키친타월) 위에 종자를 겹치지 않게 잘 펼쳐준다. 마르지 않도록 뚜껑을 덮어 어두운 곳에 둔다. (2일째)

2 매일 분무기로 물을 주며 상태를 확인한다. 고인 물은 수시로 갈아준다. (4일째)

3 2~3cm 정도 자라면 밝은 곳으로 옮겨 빛을 쪼여준다. (7일째)

07 배추과

무싹 종자

무

무싹 (매운맛)

매운맛을 내는 이소티오시아네이트(isothiocyanate)는 항암작용을 하는 것으로 알려져 있다.
비타민이 풍부하고 전분 분해효소가 있어 소화를 돕는 작용을 한다.
열을 제거하고 몸의 부기를 가라앉히며 폐 활동을 활발하게 한다.

풍부한 영양소	기대 효능
이소티오시아네이트 (isothiocyanate)	항산화 작용, 항암 작용
비타민 C	면역력 증강, 항상화 작용, 기미방지
아연(Zn)	성장 및 미각에 관여
칼슘(Ca)	골격형성, 신경 안정 등

무싹 기르기

1 물에 적신 거즈 (또는 키친타월) 위에 종자를 겹치지 않게 잘 펼쳐준다. 마르지 않도록 뚜껑을 덮어 어두운 곳에 둔다. (2일째)

2 매일 분무기로 물을 주며 상태를 확인한다. 고인 물은 수시로 갈아준다. (4일째)

3 2~3cm 정도 자라면 밝은 곳으로 옮겨 빛을 쪼여준다. (7일째)

08 배추과

순무 종자

순무

순무싹 (매운맛)

매운맛을 내는 이소티오시아네이트(isothiocyanate)는 항암 작용을 하며, 무기질이 풍부하여 염분 배출을 촉진하는 역할을 하는 것으로 알려져 있다. 간염이나 황달을 진정시키고 해독, 소염작용이 있어 목의 염증을 완화하고 목이 쉰 것을 낫게 한다. 변비치료에 효과적인 섬유소가 풍부하다.

풍부한 영양소	기대 효능
이소티오시아네이트 (isothiocyanate)	항산화 작용, 항암 작용
비타민 C	면역력 증강, 항산화 작용, 기미 방지
칼륨(K)	나트륨(염분) 배출 촉진, 혈압 저하
칼슘(Ca)	노화방지, 심장·뇌의 건강 유지

순무싹 기르기

1 물에 적신 거즈(또는 키친타월) 위에 종자를 겹치지 않게 잘 펼쳐준다. 마르지 않도록 뚜껑을 덮어 어두운 곳에 둔다. (2일째)

2 매일 분무기로 물을 주며 상태를 확인한다. 고인 물은 수시로 갈아준다. (4일째)

3 2~3cm 정도 자라면 밝은 곳으로 옮겨 빛을 쪼여준다. (7일째)

09 배추과

적무 종자

적무

적무싹 (매운맛)

이소티오시아네이트 성분이 항산화, 항암 작용을 하며, 아연이 들어 있어 성장발육에 도움을 주고 입맛을 돋운다.
 디아스타제(diastase)라는 효소로 인해 소화를 돕는다. 소염 냉각효과, 냉증, 신경통, 요통, 어깨 결림 증세에 이롭다.

풍부한 영양소	기대 효능
이소티오시아네이트 (isothiocyanate)	항산화 작용, 항암 작용
비타민 C	면역력 증강, 항산화 작용, 기미 방지
아연(Zn)	성장 및 미각에 관여
칼슘(Ca)	골격형성, 신경 안정 등

적무싹 기르기

1 물에 적신 거즈 (또는 키친타월) 위에 종자를 겹치지 않게 잘 펼쳐준다. 마르지 않도록 뚜껑을 덮어 어두운 곳에 둔다. (2일째)

2 매일 분무기로 물을 주며 상태를 확인한다. 고인 물은 수시로 갈아준다. (4일째)

3 2~3cm 정도 자라면 밝은 곳으로 옮겨 빛을 쪼여준다. (7일째)

10 배추과

적양배추 종자

적양배추

적양배추싹 (약간 단맛)

항 궤양 작용을 하는 비타민 U가 들어 있어 위, 십이지장 궤양 예방에 효과적이다. 비타민 A, B, C, K, 칼슘, 황, 염소, 셀레늄이 많이 들어 있다. 셀레늄은 노화를 방지한다.
적양배추에 들어 있는 안토시아닌이라는 색소는 강력한 항산화 효과가 있는 것으로 알려져 있다.

풍부한 영양소	기대 효능
카로틴 (체내에서는 비타민 A)	시력강화, 미백효과, 면역기능 유지
비타민 B_1, B_2	탄수화물 에너지 대사 촉진, 성장촉진
비타민 C	면역력 증강, 항산화 작용, 기미 방지
칼슘(Ca)	골격형성, 신경 안정 등

적양배추싹 기르기

1 물에 적신 거즈 (또는 키친타월) 위에 종자를 겹치지 않게 잘 펼쳐준다. 마르지 않도록 뚜껑을 덮어 어두운 곳에 둔다. (2일째)

2 매일 분무기로 물을 주며 상태를 확인한다. 고인 물은 수시로 갈아준다. (4일째)

3 2~3cm 정도 자라면 밝은 곳으로 옮겨 빛을 쪼여준다. (7일째)

11 콩과

알팔파 종자

알팔파싹 (순한 맛)

예로부터 유럽이나 미국에서 영양이 풍부한 목초, 녹비 작물로 알팔파를 이용했다. 1m 높이로 자라는 콩과의 다년생 초본으로, 국내에서는 사료작물로 이용하며 '자주개자리'라 불린다. 간장의 부담을 줄이고, 피부미용 효과와 혈중 콜레스테롤을 낮추는 효과가 있다. 7일 정도면 수확할 수 있고, 다른 싹 채소보다 수확 후 영양성분이 오래 지속된다. 맛이 부드럽고 저온에서도 비교적 잘 자란다.

장 내의 부패성 생성물을 흡수하고 배변을 좋게 하며 간장의 부담을 줄이고 피부미용 효과와 혈중 콜레스테롤을 낮추는 효과도 있다.

풍부한 영양소	기대 효능
비타민류 (비타민 A, B, C, E, K 등)	면역력 증강, 항산화 작용, 기미 방지 등
마그네슘(Mg)	골격형성, 신경 안정 등
식이섬유	변비예방

알팔파싹 기르기

1 물에 적신 거즈 (또는 키친타월) 위에 종자를 겹치지 않게 잘 펼쳐준다. 마르지 않도록 뚜껑을 덮어 어두운 곳에 둔다.(2일째)

2 매일 분무기로 물을 주며 상태를 확인한다. 고인 물은 수시로 갈아준다.(4일째)

3 2~3cm 정도 자라면 밝은 곳으로 옮겨 빛을 쪼여준다.(7일째)

백합과

부추 종자
부추

부추싹

부인병, 기침, 설사, 냉병에 효과가 있으며 어혈을 없애주고 혈행을 좋게 하여 감기에도 효과적이다.
알리신 성분이 들어 있어 항암작용을 하며, 강한 살균, 항균, 소화 촉진 작용을 한다.

풍부한 영양소	기대 효능
카로틴 (체내에서는 비타민 A)	시력강화, 미백효과, 면역기능 유지
비타민 C	면역력 증강, 항상화 작용, 기미방지
칼슘(Ca)	골격형성, 신경 안정 등
철(Fe)	적혈구 구성성분, 빈혈 예방, 면역력 강화
알리신(Allicin)	항암·강한 살균·항균 작용, 소화촉진

부추싹 기르기

1 물에 적신 거즈 (또는 키친타월) 위에 종자를 겹치지 않게 잘 펼쳐준다. 마르지 않도록 뚜껑을 덮어 어두운 곳에 둔다. (2일째)

2 매일 분무기로 물을 주며 상태를 확인한다. 고인 물은 수시로 갈아준다. (4일째)

3 2~3cm 정도 자라면 밝은 곳으로 옮겨 빛을 쪼여준다. (7일째)

4 빛을 쪼인다. (10일째)

백합과

파 종자

파

파싹

성인병, 기침, 설사, 냉병에 효과가 있으며 어혈을 없애주고 혈행을 좋게 하여 감기에도 효과적이다.
알리신 성분이 들어 있어, 강한 살균 및 항균 작용을 하며, 소화를 촉진하고 항암효과가 있다.

풍부한 영양소	기대 효능
카로틴 (체내에서는 비타민 A)	시력강화, 미백효과, 면역기능 유지
비타민 B_1	신경전달물질 생성및 합성에 관여, 탄수화물 대사 촉진
비타민 C	면역력 증강, 항산화 작용, 기미 방지
칼륨 (K)	나트륨(염분) 배출 촉진, 혈압 저하
알리신(Allicin)	항암·강한 살균·항균 작용, 소화촉진

파싹 기르기

1 물에 적신 거즈 (또는 키친타월) 위에 종자를 겹치지 않게 잘 펼쳐준다. 마르지 않도록 뚜껑을 덮어 어두운 곳에 둔다. (2일째)

2 매일 분무기로 물을 주며 상태를 확인한다. 고인 물은 수시로 갈아준다. (4일째)

3 2~3cm 정도 자라면 밝은 곳으로 옮겨 빛을 쪼여준다. (7일째)

4 빛을 쪼인다. (10일째)

14 백합과

아마란스 종자

아마란스

아마란스싹

지사제, 해열제로 쓰이고 갑상선종, 자궁염증에도 활용하며, 이뇨제, 지혈제로 사용한다. 카로틴 성분은 시력강화에 도움을 주며, 칼륨 성분은 나트륨 배출을 촉진하여 혈압을 내린다.

풍부한 영양소	기대 효능
카로틴 (체내에서는 비타민 A)	시력강화, 미백효과, 면역기능 유지
비타민 C	면역력 증강, 항산화 작용, 기미방지
칼슘(Ca)	골격형성, 신경 안정 등
철(Fe)	적혈구 구성성분, 빈혈 예방, 면역력 강화
칼륨(K)	나트륨(염분) 배출 촉진, 혈압저하

아마란스싹 기르기

1 물에 적신 거즈 (또는 키친타월) 위에 종자를 겹치지 않게 잘 펼쳐준다. 마르지 않도록 뚜껑을 덮어 어두운 곳에 둔다.(2일째)

2 매일 분무기로 물을 주며 상태를 확인한다. 고인 물은 수시로 갈아준다.(4일째)

3 2~3cm 정도 자라면 밝은 곳으로 옮겨 빛을 쪼여준다.(7일째)

꿀풀과

들깨 종자

들깨

들깨싹

산후조리와 성장기 어린이의 발육촉진, 허약체질 개선 및 정력증강에 좋다. 오메가3 지방산은 각종 심장질환, 혈관계 질환 예방 효과가 있다. 철분이 들어 있어 적혈구 형성에 도움을 주며, 빈혈 예방, 면역력 강화에 도움을 준다.

풍부한 영양소	기대 효능
카로틴 (체내에서는 비타민 A)	시력강화, 미백효과, 면역기능 유지
비타민 C	면역력 증강, 항산화 작용, 기미방지
철(Fe)	적혈구 구성성분, 빈혈 예방, 면역력 강화
칼슘(Ca)	골격형성, 신경 안정 등

들깨싹 기르기

1 물에 적신 거즈 (또는 키친타월) 위에 종자를 겹치지 않게 잘 펼쳐준다. 마르지 않도록 뚜껑을 덮어 어두운 곳에 둔다. (2일째)

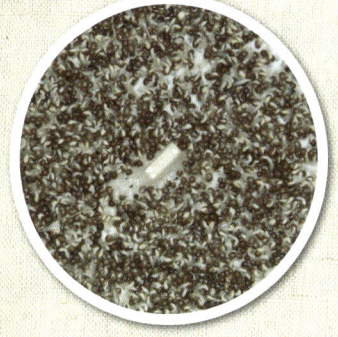

2 매일 분무기로 물을 주며 상태를 확인한다. 고인 물은 수시로 갈아준다. (4일째)

3 2~3cm 정도 자라면 밝은 곳으로 옮겨 빛을 쪼여준다. (10일째)

16 콩과

완두싹

체력회복, 스태미나 증진, 심장병, 여성미용 등에 효과가 있다. 인, 철, 칼슘, 섬유, 비타민 C 등이 풍부하다.
칼슘이 들어 있어 튼튼한 골격을 형성하는데 도움을 주며, 신경을 안정시키는 효과가 있다.

풍부한 영양소	기대 효능
비타민 B	탄수화물 에너지 대사 촉진, 혈액생성
비타민 C	면역력 증강, 항산화 작용, 기미 방지
칼슘(Ca)	골격형성, 신경 안정 등
철(Fe)	적혈구 구성성분, 빈혈 예방, 면역력 강화

완두싹 기르기

1 물에 적신 거즈 (또는, 키친타월) 위에 종자를 겹치지않게 잘 펼쳐준다. 마르지 않도록 뚜껑을 덮어 어두운 곳에 둔다. (2일째)

2 매일 분무기로 물을 주며 상태를 확인한다. 고인 물은 수시로 갈아준다. (4일째)

3 2~3cm 정도 자라면 밝은 곳으로 옮겨 빛을 쪼여준다. (7일째)

17 화본과

밀 종자

밀

밀싹 (약한 단맛)

간을 정화하고 신장, 간, 요도를 깨끗이 해준다. 또한 장에서 규칙적인 배설이 일어나도록 도와준다.
칼슘이 들어 있어 튼튼한 골격을 형성하는데 도움을 주며, 신경을 안정시키는 역할을 한다.

풍부한 영양소	기대 효능
카로틴 (체내에서는 비타민 A)	시력강화, 미백효과, 면역기능 유지
칼슘(Ca)	골격형성, 신경 안정 등
철(Fe)	적혈구 구성성분, 빈혈 예방, 면역력 강화
칼륨(K)	나트륨(염분) 배출 촉진, 혈압저하

밀싹 기르기

1 물에 적신 거즈 (또는 키친타월) 위에 종자를 겹치지 않게 잘 펼쳐준다. 마르지 않도록 뚜껑을 덮어 어두운 곳에 둔다.(2일째)

2 매일 분무기로 물을 주며 상태를 확인한다. 고인 물은 수시로 갈아준다.(4일째)

3 2~3 cm정도 자라면 밝은 곳으로 옮겨 빛을 쪼여준다.(10일째)

18 화본과

보리 종자

보리

보리싹

혈압을 낮추고, 빈혈, 당뇨 등이 성인병 치료에 효과가 있는 것으로 알려져 있으며, 비타민 B, 철분, 엽산 등이 많이 들어 있다. 식이섬유가 풍부하여 배변을 원활하게 하여 장을 깨끗하게 유지하는데 도움을 준다.

풍부한 영양소	기대 효능
비타민 B	탄수화물 에너지 대사 촉진, 혈액생성
철(Fe)	적혈구 구성성분, 빈혈 예방, 면역력 강화
칼륨(K)	나트륨(염분) 배출 촉진, 혈압 저하
엽산	정장작용

보리싹 기르기

1 물에 적신 거즈 (또는 키친타월) 위에 종자를 겹치지 않게 잘 펼쳐준다. 마르지 않도록 뚜껑을 덮어 어두운 곳에 둔다. (2일째)

2 매일 분무기로 물을 주며 상태를 확인한다. 고인 물은 수시로 갈아준다. (4일째)

3 2~3cm 정도 자라면 밝은 곳으로 옮겨 빛을 쪼여준다. (10일째)

19 마디풀과

메밀 종자

메밀

메밀싹

탄수화물을 소비하여 자라나므로 저칼로리이고, 메밀에 포함되어 있는 루틴은 모세혈관을 튼튼하게 해 주는 중요한 역할을 한다. 비만 체질인 사람이나 당뇨병 등 혈관질환 환자가 메밀싹을 먹으면 매우 좋다.

풍부한 영양소	기대 효능
비타민 B_1, B_2	탄수화물 에너지 대사촉진, 성장촉진
칼슘(Ca)	골격형성, 신경 안정 등
철(Fe)	적혈구 구성성분, 빈혈 예방, 면역력 강화
루틴(lutin)	혈압강화, 비만방지, 항돌연변이 효과

메밀싹 기르기

1 물에 적신 거즈 (또는 키친타월) 위에 종자를 겹치지 않게 잘 펼쳐준다. 마르지 않도록 뚜껑을 덮어 어두운 곳에 둔다. (2일째)

2 매일 분무기로 물을 주며 상태를 확인한다. 고인 물은 수시로 갈아준다. (4일째)

3 2~3cm 정도 자라면 밝은 곳으로 옮겨 빛을 쪼여준다. (7일째)

4 빛을 쪼여준다. (10일째)

싹 채소로 만드는 요리

새싹비빔밥

재료
기본 재료 밥 4공기, 알팔파싹, 적양무싹, 다채싹 100g씩, 파프리카 1/4개, 당근 1/3개, 식용유 1작은술
양념 재료 고추장 4큰술, 참기름 4큰술, 소금 약간

만드는 방법
1 싹 채소는 체에 밭쳐 흐르는 물에 살살 흔들어 씻어 물기를 뺀다.
2 당근은 곱게 채 썰어 기름 두른 팬에 달달 볶다가 소금으로 간을 맞추고, 파프리카는 먹기 좋은 크기로 채를 썬다.
3 밥은 1공기씩 그릇에 나누어 담고 준비한 싹 채소와 파프리카, 당근을 각각 나누어 담은 후 고추장과 참기름을 1공기당 1큰술씩 곁들여 비빈다.

VEGETABLE SPROUT

싹채소 비빔국수

재료
기본 재료 싹 채소 50g, 소면 1 1/2줌
양념 재료 고추장 3큰술, 진간장 1큰술, 고춧가루 1 1/2큰술, 다진 마늘 1/2큰술, 식초 1큰술, 레몬즙 1큰술, 설탕 1 1/2 큰술, 참기름 1큰술, 통깨 약간

만드는 방법
1 싹 채소 50g을 흐르는 물에 씻어서 체에 밭쳐 물기를 빼놓는다.
2 끓는 물에 소면 1줌 반을 넣어 면이 익으면 물에 여러 번 헹궈 물기를 빼서 접시에 담아 놓는다.
3 고추장 3큰술, 진간장 1큰술, 고춧가루 1 1/2큰술, 다진 마늘 1/2큰술, 식초 1큰술, 레몬즙 1큰술, 설탕 1 1/2큰술, 참기름 1큰술, 통깨 약간을 넣고 양념장을 만든다.
4 그릇 가운데에 소면을 담고, 싹 채소를 색깔별로 조금씩 담는다.
5 양념장은 따로 담아내거나 소면 위에 살짝 올려서 내어 놓는다.

싹채소 블루베리 샐러드

재료
기본 재료 싹 채소 50g(배추, 알팔파, 적양무, 다채), 블루베리 10알, 오이 1/4개, 파프리카 1/4개
블루베리 드레싱 블루베리 10알, 마요네즈 2큰술, 꿀 1큰술, 식초 2큰술

만드는 방법
1 싹 채소는 체에 밭쳐 흐르는 물에 살살 흔들어 씻어 물기를 뺀다.
2 오이와 파프리카를 먹기 좋은 크기로 썰어, 싹 채소, 블루베리와 함께 접시에 보기 좋게 담는다.
3 믹서에 블루베리, 마요네즈, 식초를 넣고 간 뒤, 꿀을 넣고 섞어준다.
4 싹 채소 위에 블루베리 드레싱을 얹는다.

싹채소, 어린잎 채소 두부샐러드

재료
기본 재료 오이 1/4개, 어린잎 채소 1/2팩, 싹 채소 50g(배추, 알팔파, 적양무), 두부 1/4모, 미역 약간
포도씨오일 드레싱 포도씨오일 4큰술, 식초, 간장, 황설탕 2큰술씩, 참기름 1큰술, 소금, 후춧가루 약간씩

만드는 방법
1 싹 채소와 어린잎 채소는 깨끗이 씻은 뒤 체에 밭쳐 물기를 뺀다.
2 두부는 3cm 길이로 썬다.
3 미역은 물에 불린 다음 깨끗이 씻어 한입 크기로 썬다.
4 오이는 동그랗고 얇게 썬다.
5 미역, 오이, 어린잎 채소를 가볍게 버무린 다음 두부를 넣어 부서지지 않게 버무린다.
6 포도씨오일 드레싱 재료를 한곳에 담아 고루 섞는다.
7 ⑤를 보기 좋게 담은 후 싹 채소를 올리고 ⑥의 포도씨오일 드레싱을 뿌린다.

닭가슴살 싹채소 샐러드

재료
기본 재료 닭가슴살 2쪽, 마늘 3쪽, 대파 1/2대, 양상추 100g, 파프리카 1/2개, 싹 채소 50g, 소금·후춧가루 약간씩
올리브오일 소스 올리브오일 4큰술, 다진 마늘 1작은술, 소금·후춧가루 약간씩, 레몬즙 2큰술

만드는 방법
1 닭가슴살과 마늘, 대파를 냄비에 담고 자작하게 물을 부어 속까지 무르도록 푹 삶는다.
2 삶은 닭가슴살은 가늘게 찢어 소금과 후춧가루로 밑간을 한다.
3 양상추는 잎을 떼어 씻은 후 물기를 뺀다. 파프리카는 링 모양으로 자른다.
4 싹 채소를 체에 밭쳐 씻어 물기를 뺀다.
5 올리브오일 소스 재료를 한데 담아 고루 섞는다.
6 그릇에 닭가슴살과 양상추, 파프리카 등을 담아 고루 섞은 후, 싹 채소를 얹고 올리브오일 소스를 끼얹어 낸다.

과일, 싹채소 샐러드 샌드위치

재료
기본 재료 식빵 4장, 싹 채소 50g(배추, 알팔파, 적양무, 다채), 방울토마토 5알, 블루베리 20알, 파인애플 링 2조각, 바나나 1/2개, 마요네즈

만드는 방법
1 바나나는 껍질을 벗기고, 파인애플은 링으로 준비해 1cm 정도 크기로 썬다.
2 방울토마토, 블루베리는 깨끗이 씻고, 알팔파싹 등 각종 싹 채소를 체에 밭쳐 씻어 물기를 뺀다.
3 블루베리를 으깨어 마요네즈와 잘 섞은 후, ①과 ②를 넣고 가볍게 버무린다.
4 식빵 안쪽 면에 버터를 골고루 펴 바른다.
5 식빵 위에 ③의 싹 채소 과일샐러드를 올린 후 식빵을 얹어, 먹기 좋은 크기로 자른다.

카나페 스타일 오픈 샌드위치

재료
기본 재료 식빵 8장, 치즈 2장, 싹 채소 50g(알팔파, 적무, 배추), 파프리카 1/4개, 방울토마토 3개, 오이 1/4개, 마요네즈 1큰술

만드는 방법
1 식빵은 가장자리를 잘라내고 1장당 네 조각이 되도록 열십자로 잘라 달군 팬에 앞뒤로 뒤집어 가며 굽는다.
2 구운 식빵 위에 마요네즈를 약간씩 바른 뒤, 자른 치즈 조각을 올려준다.
3 치즈 위에 싹 채소나 얇게 썬 토마토, 채 썬 파프리카 등을 올려 샌드위치를 완성한다.

싹 채소 키우기
Q&A

Q. 싹 채소 종자와 일반 채소 종자는 다른 건가요?

A. 일반적으로 시판하는 재배용 채소 종자는 종자 발아 및 육묘 시 발생할 수 있는 병원균을 제거하기 위해 종자표면에 살균제 처리가 되어 있다. 그러나 싹 채소의 경우 종자를 물에 불린 후 일주일에서 열흘 정도 키워서 바로 먹기 때문에, 살균 처리가 안 된 '싹 채소 전용 종자'를 구입해서 이용하도록 한다. 원예 자재를 판매하는 용품점이나 대형마트, 인터넷 사이트 등에서 '싹 채소 전용 종자'를 판매한다.
구입한 종자는 물로 깨끗하게 여러 번 세척하여 발아하도록 한다.
종자 살균을 위해 가정에서 할 수 있는 소독 방법은 가정에서 이용하는 락스(주성분: NaOCl 4% 이상)나 60℃ 정도의 뜨거운 물을 이용하는 방법이 있다. 락스를 이용할 경우, 10배로 희석(물 90mL + 락스 10mL)하여 희석액에 싹 채소 종자를 1~2시간 담가 두었다가 물로 깨끗이 씻어 재배용기에 담아 싹 채소를 키운다. 뜨거운 물을 이용할 경우 60℃ 정도의 뜨거운 물에 싹 채소 종자를 15분간 담갔다 이용하도록 한다. 물 온도가 너무 높으면 종자가 익을 수 있으므로 주의한다.

Q. 싹 채소 뿌리 부분에 하얀 곰팡이 같은 것이 생겼는데, 왜 그럴까요?

A. 하얀 뿌리털이 곰팡이가 핀 것처럼 보일 수 있다. 식물의 뿌리 끝 가까이에는 실처럼 길고 부드럽게 나온 가느다란 털이 많이 있는데, 이를 뿌리털이라 한다. 뿌리털에서는 물과 무기 양분의 흡수가 일어나는데, 다소 건조한 경우 공기 중 수분을 찾아 하얀 곰팡이처럼 보이는 미세한 뿌리털이 자란다.

Q. 수확한 싹 채소의 종자껍질(종피)이나 점액 물질은 어떻게 해야 하는가요?

A. 싹 채소는 보통 식물체 전체를 이용하거나, 뿌리를 제거한 떡잎과 배축을 이용한다. 싹 채소를 수확할 때 발아하지 않은 종자, 종자껍질, 크레스(물냉이)의 경우 점액 물질이 남아 있는데, 이것은 유해하지는 않지만, 물로 깨끗이 씻어서 요리에 이용한다.

Q. 콩나물 type 싹 채소를 키울 때 tip은?

A. 알팔파, 콩, 참깨 등을 콩나물 type 싹 채소로 키울 때에는 일회용 컵이나 음료수병과 같은 투명용기를 이용하면, 싹 채소의 상태와 생육을 관찰할 수 있다. 용기의 윗부분에 거즈를 여러 겹 씌우고 고무밴드로 고정하여, 매일 깨끗한 물을 준 뒤 용기를 뒤집어 물을 버리면, 고여 있는 물에 의해 싹 채소가 변질하는 것을 막는다.

Q. 싹 채소를 키우는 물에서 냄새가 나는데 어떻게 해야 하는가요?

A. 특히 여름철과 같은 고온기에 싹 채소를 키우는 용기에서 냄새가 나는 경우가 있다. 이것은 용기에 남아 있는 물이 변질하여 부패하기 시작한 것이다. 이미 뿌리가 나온 경우엔 용기와 식물 지지용 거즈 또는 탈지면을 세척해야 하므로, 용기의 한쪽 끝에서 천천히 새로운 물을 부어 기존에 있던 변질한 물을 씻어내도록 한다. 발아하지 않은 종자나 종자껍질 등 잔재물이 있으면 물이 변질하기 쉽기 때문에 매일 새로운 물로 교체하여 변질을 막도록 한다.

Q. 싹 채소를 잘 키우는 방법은?

A. 기르기 쉬운 싹 채소 재배이지만, 역시 '기온'과 '물 관리'가 중요하다. 재배가 용이한 시기는 가을부터 봄까지이다. 기온의 변화가 심한 경우 생육이 좋지 않기 때문에, 특히 파종부터 2~3일까지는 온도변화가 심하지 않은 곳에 두도록 한다. 여름철 고온기에는 물이 부패하기 쉽기 때문에 주의하도록 한다.

Q. 싹 채소에 세균이 번식하기 쉽다는데, 세균에 대한 걱정을 덜 수 있는 가정에서의 대책은?

A. 싹 채소가 자라는 조건은 세균이 번식하기 좋은 조건으로 특히 온도가 높은 여름철에는 세균이 번식할 수 있다. 따라서 싹 채소를 먹을 때 깨끗한 물에 여러 번 헹구어 먹는 것이 중요하다. 세균에 대한 걱정을 보다 확실히 없애기 위해서, 가정에서 이용하는 식초를 활용, 물에 섞어 희석액(시판되는 산도 6~7%의 식초를 물과 섞어 10~16배 희석액으로 만들어줌)을 만들어, 그 희석액에 10~15분 정도 싹 채소를 담갔다가 흐르는 물에 헹구어 주면 좋다.

Q. 한번 수확한 싹 채소의 남은 뿌리 부분을 이용해 다시 싹 채소를 키울 수 있는지?

A. 채소는 뿌리와 잎, 식물체 전체를 식용할 수도 있으며, 뿌리 부분을 잘라내고 윗부분만 식용할 수도 있다. 부추와 같이 생장점(고등식물의 줄기와 뿌리 끝에 있는 분열조직)이 식물체의 아랫부분에 있거나, 생장점을 잘라도 새롭게 자라는 것도 있지만, 일반적으로는 식물체의 위쪽 끝 부분에 생장점이 위치하며, 이 생장점을 자르면 새로운 싹이 자라지 않는다. 따라서 싹 채소의 경우 일 회 수확만 가능하다.

Q. 한번 사용한 용기를 재사용해도 되는지?

A. 사용한 용기는 재사용이 가능하지만 사용 전에 세제나 뜨거운 물 등을 사용하여 깨끗이 세척, 소독하여 이용하도록 한다. 재사용하는 경우나, 새로 용기를 구입하는 경우 모두 사용 전에 용기를 깨끗이 세척, 소독하여 이용하도록 한다.

Q. 싹 채소 종자가 많이 남아서 보관하려고 하는데요?

A. 종자를 테이프 등으로 잘 밀봉하여 냉장고에 보관하거나, 건조한 유리병에 종자를 넣어 잘 봉합, 서늘한 곳에 보관하도록 한다.

BABY LEAF VEGETABL

어린잎 채소는
보통 종자를 파종하여
약 30일 정도 자라 본엽이 3~5매 정도
전개되고 잎의 길이가 10cm 이내일 때
수확하는 것을 말한다.

싱싱하고 손쉽게

어린잎 채소 기르기

어린잎 채소 이야기(vegetable sprout)

일반적으로 채소 등 작물을 이용할 때는 다 자란 것을 수확하여 이용하지만, 최근에는 다 자라지 않은 어린잎 채소를 샐러드 등으로 이용하고 있다. 어린잎 채소는 보통 종자를 파종하여 약 30일 정도 자라 본엽이 3~5매 정도 전개되고 잎 길이가 10cm 이내일 때 수확하는 것을 말한다. 일반 잎채소에 비해 재배기간이 짧기 때문에 병해충 발생 우려가 낮으며, 성숙된 잎에 비해 질감이 부드럽고 특유의 풍미나 비린 맛이 강하지 않아 아이들이나 노인들도 즐겨 먹을 수 있다. 어린잎 채소로는 상추, 쑥갓, 시금치, 엔디브, 경수채, 다채, 겨자, 케일, 아마란스, 비트, 잎들깨 등이 이용되고 있다. 가정에서 어린잎 채소 키우기에 도전해 보자.

TIP 싹 채소와 어린잎 채소는 이렇게 달라요

일반적으로 싹 채소는 씨를 뿌린 후 본잎이 나오기 전에 식물체 전체 또는 떡잎과 배축을 먹는다. 어린잎 채소는 보통 본잎이 2~3매 정도 나와 손가락 정도의 길이가 되었을 때, 뿌리 또는 뿌리와 떡잎을 제거하고 먹는다.

가정에서 어린잎 채소 키우기

어린잎 채소를 키우기 위한 준비물

1 어린잎 채소 종자
2 어린잎 채소 재배 용기
3 원예용 상토
4 액비(액체비료)
5 모종삽, 분무기, 스푼, 가위 등

종자 구하기

원예 자재를 판매하는 용품점이나 대형마트, 인터넷 사이트 등에서 채소 종자를 판매하고 있다. 생산된 지 오래된 종자나 고온·다습 등 열악한 조건에서 보관된 종자는 종자의 수명이

단축되어 발아율이 떨어지거나, 활력이 떨어져 생육이 고르지 않을 수 있다. 구입 시에는 원산지, 생산연도 등을 확인하며, 생산이력이 명확한 종자를 이용하는 것이 좋다. 종자 구입 후 이용까지 저장 시에는 서늘하고 건조하며 어두운 곳 또는 냉장고 등에 보관하도록 한다.

작물 종류별 종자의 수명
(서늘하고 건조하며 어두운 최적조건 저장 시)

작물명	수명(년)	작물명	수명(년)
무	5	케일	5
브로콜리	5	콜리플라워	5
상추	5	고추	4
순무	5	비트	4
시금치	5	부추	3
양배추	5	완두	3
엔디브	5	파슬리	2
치커리	5	근대	1-2

자료출처: http://www.seedman.com

작물 종류별 종자의 발아적온 및 발아소요일수

작물명	발아적온(°C)	발아소요일수	작물명	발아적온(°C)	발아소요일수
무	30	4	케일	27	4
브로콜리	30	4	콜리플라워	27	5
상추	24	3	고추	30	8
순무	30	3	비트	30	4
시금치	24	3	부추	24	7
양배추	27	4	완두	24	6
엔디브	27	6	파슬리	24	13
치커리	27	6	근대	30	4

자료출처: http://www.seedman.com

어린잎 채소 재배를 위한 용기 구하기

시중에 판매하는 플라스틱 화분을 이용하거나, 스티로폼 상자나 우유팩, 일회용 플라스틱 용기 등을 활용하여도 된다. 재활용 용기를 이용하는 경우에는 배수를 위해 송곳 등을 이용하여 용기 바닥에 여러 개의 구멍을 뚫어 준다.

원예용 상토 구하기

가정에서 식물을 재배하기 위한 흙을 구하기는 쉽지 않다. 특히 베란다와 같은 실내에서 재배하는 경우에는 흙이 무거워 작업하기가 어렵고, 흙 속에 잡초 종자나 벌레가 섞여 있을 수 있다. 따라서 시판하고 있는 원예용 상토를 이용하는 것이 좋다. 원예용 상토는 피트모스와 같은 유기질 재료와 펄라이트 등 무기질 재료를 식물에 적합하게 배합하여 가볍고, 잡초 종자 등 이물질의 혼입이 적으며, 물 빠짐이 좋기 때문에 가정에서 이용하기 용이하다.

추비용 액비 구하기

일반적으로 원예용 상토 내에는 식물에 필요한 영양분이 일부 포함되어 있으나, 식물이 자람에 따라 더 많은 양분을 필요로 하게 된다. 양분 공급을 위한 추비(追肥)를 할 때에는 시판되는 액비를 물에 섞어 식물에 공급하기 적당한 농도로 조절하여 분무기 등을 이용, 식물체에 공급한다.

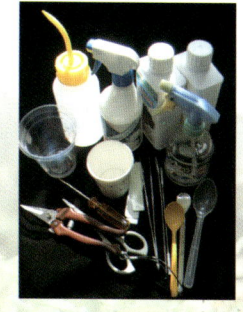

어린잎 채소 키우기

1 용기바닥에 물빠짐 구멍 뚫기

 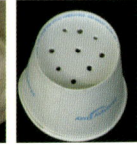

물빠짐을 위해, 송곳 등을 이용하여 용기바닥에 10개 내외의 구멍을 뚫어 준다.

2 용기에 상토 담기

재배 용기에 상토를 높이의 80% 정도 채운 뒤 가볍게 수차례 흔들어 준다. 난석 등 입자가 굵은 상토를 용기 아래쪽에 깔아주면 물 빠짐을 좋게 할 수 있다.

3 씨 뿌리기(파종)

종자를 서로 겹치지 않도록 가볍게 흩뿌려준다. 비트나 근대와 같이 큰 종자는 1cm 정도 간격으로 종자를 뿌린다.

4 흙(상토) 덮어주기

종자를 뿌린 후 가볍게 흙 또는 상토를 그 위에 뿌려준 후 가볍게 눌러준다. (흙은 종자가 보이지 않을 정도로 가볍게 덮어준다)

파종 — 0일
발아 — 5일
솎아주기 — 10일
본엽전개 — 15일
추비주기
수확 — 20일
— 25일

5 물주기

싹이 나올 때까지 흙(상토)이 건조하지 않도록 매일 살펴 물을 주도록 한다.

6 솎아주기

약하게 자란 싹이나 한곳에 여러 개가 나온 싹은 솎아서 식물체 간 간격을 조절해 준다.

7 추비주기

본엽이 나오면서부터 생장이 빠르게 진행되면 상토에 있는 양분의 양은 한정되어 있어, 양분부족 상태가 될 수 있다. 시판되는 액비를 적절한 비율로 물에 희석하여, 생육 상태에 따라 주기적으로 공급해 준다. 페트병 등을 이용하여 희석하면 편리하다.

8 관리하기

빛을 충분히 받을 수 있도록 빛이 잘 드는 창가에서 키운다. (한여름의 직사광선은 피한다)

9 수확하기

종자를 뿌린 후 한 달 정도 뒤 수확한다.

어린잎 채소(baby leaf vegetable)의 기능성

싹 채소나 어린잎 채소는 비타민, 무기염류, 플라보노이드, 폴리페놀 등 천연 공급원의 하나이다. 어린잎 채소에는 종자나 성숙한 식물체보다 더 많은 활성물질을 함유하고 있다. 어린잎 채소에는 비타민(비타민 A, B, C, B_5 등), 무기염류(칼슘, 칼륨, 마그네슘, 인산, 철 등), 플라보노이드, 폴리페놀 등이 함유되어 있는 것으로 보고되고 있다.

비타민 C(Vitamin C)

비타민 C(아스코르빈산, ascorbic acid)는 인체 내에서 불필요한 활성산소를 제거하고 세포를 건강하게 지켜 주어 고혈압, 당뇨, 동맥경화, 성인병과 암에 좋은 효과를 주는 것으로 알려져 있다. 비타민 C는 신체조직의 성장과 회복에 필수적이며, 결핍되면 조직이 손상을 입게 되고 상처의 치유가 지연된다. 특히 간에 저장된 비타민 C는 발암물질과 오염물질, 살충제, 의약품 등에 대해 해독작용을 하고 공업용 화학제품에서 유발되는 암으로부터 세포 손상을 방지해 주는 효과가 있다. 또한 비타민 C는 감기, 동맥경화, 당뇨병, 고혈압, 노화방지, 시력증진에 효과가 인정되어 영양보충제로도 가장 많이 이용하고 있다. 비타민 C 1일 권장 섭취량은 70~100mg이다. 어린잎 채소는 신선한 샐러드로 이용하기 때문에 비타민 C의 손실 없이 섭취할 수 있는 점에서 식품적 가치가 매우 높다.

칼슘(Ca)

칼슘(Ca)은 강한 뼈와 치아의 형성, 건강한 잇몸 유지에 필수적이다. 뼈의 성장 속도를 증가시키며 골다공증과 관계있는 뼈의 손실을 방지하고, 규칙적인 심장박동 유지와 신경자극 전달에 중요하다. 칼슘은 콜레스테롤 수치를 낮출 수 있도록 도와주고, 심장혈관계 질병과 결장암을 포함하여 다양한 암 예방을 도우며 혈액응고 과정에서 중요한 원소로 상처치료의 초기 단계에 도움을 준다. 성인과 폐경기 전 여성의 칼슘 권장량은 1일 1,000mg이며, 폐경 후 여성의 영양권장량은 1,500mg이다.

칼륨(K)

칼륨은 인체의 전체 무기염류 함유량의 대략 5%를 차지한다. 저 나트륨 음식은 신체 내 칼륨의 보존을 향상하는 반면, 나트륨 음식은 배출을 촉진한다. 칼륨은 인체 내 수분균형, pH 균형을 유지할 뿐만 아니라, 건강한 신경체계, 규칙적인 심장 박동, 적절한 근육기능을 위해 중요한 요소이다. 1일 칼륨 권장량은 없으나 대략 1일 100mg이 필요하다.

마그네슘(Mg)

마그네슘은 신체 내 300개 이상의 효소 작용을 포함하여 많은 생물학적 기능을 위해 필요한 필수 영양소이다. 아미노산의 활성화와 DNA의 합성과 퇴화에 작용하고 신경전달과 면역기능에 중요한 역할을 한다. 동맥 내벽에 방어적 효과가 있고 혈압변화로 야기되는 스트레스로부터 동맥을 보호한다. 성인 남성의 1일 마그네슘 영양권장량은 400mg 정도이고, 여성은 320mg 정도이다.

인산(P)

인산은 우리 인체의 뼈를 구성하는 주성분으로 90%가 뼈의 성분이다. 뼈와 치아의 형성, 세포 증가, 심장근육 수축에 필요하고 비타민의 동화작용과 음식을 에너지로 전환하는데 도움을 준다. 또한 칼슘과 작용하여 뼛속에서 칼슘과 인의 균형을 유지한다. 인산 1일 권장량은 800mg이며, 결핍되면 식욕부진, 체중감소를 초래할 수 있다.

철(Fe)

철(Fe)은 인체 내에서 중요한 미네랄 이온의 하나로 산소를 운반하고, 적혈구 내 헤모글로빈과 근육의 미오글로빈을 형성하는 필수 미네랄 이온이다. 여성의 경우 생리, 임신 등으로 철분이 부족하기 쉬워 철분 권장량은 남성보다 여성에게 더 높다. 철분 1일 권장량은 성인 남성과 50세 이상 여성은 12mg, 11~50세 여성(수유 중 여성 포함)은 15mg, 임신 중 여성은 30mg이다.

플라보노이드(Flavonoid)

노란색 계열의 색소는 플라보노이드 색소를 함유하는데 플라보노이드는 항균·항암·항바이러스·항알레르기 및 항염증 활성을 지니고 있다. 독성은 거의 나타나지 않으며, 모든 질병의 원인이 되는 생체 내 산화작용을 억제한다는 사실이 밝혀지고 있어 플라보노이드에 대해 재조명되고 있다.

폴리페놀(Polyphenol)

적자색을 띠는 어린잎 채소는 모두 안토시아닌계 색소이며, 모두 폴리페놀 화합물이다. 폴리페놀류는 산화를 방지하는 작용, 즉 항산화 기능을 가지고 있어 생체 내에서 항산화제로 작용함으로써 건강유지와 질병예방 등에 기여한다. 또 폴리페놀류는 콜레스테롤이 소화기관으로 흡수되는 것을 막아 주기 때문에 혈중 콜레스테롤 함량을 낮추어 주는 작용을 한다.

어린잎 채소의 성분별 함유량 (mg/생체100g)

순위	어린잎 채소(Ca)	함유량	어린잎 채소(K)	함유량
1	잎브로콜리	169.9	아마란스	288.8
2	아마란스	163.8	잎들깨	255.1
3	잎들깨	120.6	쑥갓	249.1
4	경수채	98.5	크레스	235.8
5	청경채	92.2	잎브로콜리	225.1

순위	어린잎 채소(Fe)	함유량	어린잎 채소(Vitamin C)	함유량
1	잎들깨	1.6	잎브로콜리	56.6
2	아마란스	1.6	유채	34.6
3	오크립 상추	1.5	청경채	28.4
4	레드치커리	1.5	경수채	27.7
5	잎브로콜리	1.4	아마란스	24.7

어린잎 채소(baby leaf vegetable)의 종류

① 국화과 어린잎 채소

어린잎 채소는 파종부터 수확까지 한 달 정도의 기간이 소요되는데, 작물의 종류나 재배하는 계절에 따라 다소 차이가 난다. 국화과 어린잎 채소 중 초기 생육이 가장 빠른 채소는 엔디브이다. 엔디브는 파종 후 20~25일 만에 어린잎 채소로 수확이 가능하다. 일반적으로 봄이나 가을보다는 온도가 높은 여름철에 생육 속도가 빠르다. 여름에 재배하는 경우에는 작물 종류에 따라 고온에 의한 추대 현상(抽臺, bolting, 꽃눈 분화가 진행되어 꽃대가 올라오는 현상)이 나타날 수 있으며, 해충 등의 피해를 입기 쉬우므로 주의해야 한다.

② 배추과 어린잎 채소

배추과 어린잎 채소는 종자 크기가 큰 만큼 초기 생육도 빠른 편이다. 경수채는 생육이 빠른 편으로 파종 후 20~25일 사이에 수확이 가능하다. 여름철에는 다른 작물에 비해 초기 생장속도가 왕성하지만, 배추흰나비, 배추좀나방과 같은 해충 피해를 입기 쉽다. 적겨자, 크레스, 다채 등은 생육속도가 다소 느리다.

 **기타 어린잎 채소**

비트, 근대와 같은 명아주과 어린잎 채소는 파종 후 수확까지 30~35일, 들깨나 아마란스의 경우 35~40일 정도의 기간이 소요된다.

어린잎 채소로 이용 가능한 작물

구분	녹색계	적색계
국화과	상추, 로메인 상추, 쑥갓, 엔디브, 치커리	적로메인 상추, 적상추
배추과	겨자, 경수채, 다채, 로켓, 케일, 소송채, 잎브로콜리, 청경채	적겨자, 적경수채, 적소송채, 적케일
명아주과	근대	적근대, 비트
비름과	시금치	아마란스
꿀풀과	잎들깨	-

배추과

겨자
MUSTARD

겨자

항산화 작용이 뛰어난 매운맛 성분 글루코시놀레이트와 비타민, 미네랄이 풍부

발아 20℃

생육적온 20~25℃

학　　명	*Brassica juncea*
원 산 지	중앙아시아
발아적온	20℃
생육적온	15~25℃

종자는 소시지에 뿌려 먹는 황색 머스타드를 만드는 데 이용된다. 유채, 순무와 같은 배추과 채소로, 배추과 채소는 매운맛을 내는 글루코시놀레이트 (glucosinolate, 시니그린 등)를 함유하고 있다. 생육이 진행됨에 따라 매운맛이 더 강해진다. 약 1개월 정도 키워 수확하며, 중간에 솎아 준 잎은 수프 등 요리에 이용할 수 있다. 겨자의 매운맛 성분은 항산화 작용을 하며, 그 외 비타민, 미네랄이 풍부하다. 생식은 물론 가볍게 데쳐서 나물 등으로 이용할 수 있다.

겨자 어린잎 키우기

'겨자 어린잎' 돌솥 비빔밥

 **재료**

기본 재료
밥 1공기, 겨자 어린잎 30g, 채 썬 당근·파프리카·맛살 약간, 잘게 다진 김치 약간, 날치알, 잘게 자른 김, 참기름 2T

양념장
간장 1.5T, 고추장 1.5T, 다진 파 약간, 볶음 통깨 약간

 만드는 법

1. 돌솥 안쪽에 참기름을 고르게 펴 바른 후 밥을 1/3 정도 채운다.
2. 겨자 어린잎, 채 썬 당근·파프리카·맛살 약간, 잘게 다진 김치를 색이 예쁘게 빙 둘러놓는다.
3. 그 위에 날치알과 자른 김을 얹고 양념장을 뿌린다.
4. 돌솥을 불에 올려 가열하여 골고루 섞이도록 잘 비벼준다.

배추과

경수채
KYONA

경수채

맵지 않고, 특유의 향기가 남. 카로틴, 칼슘, 철, 식아섬유가 풍부.

발아 15~20℃ 생육적온 20~25℃

학　　명	*Brassica rapa* var. *nipposinica*
원 산 지	일본
발아적온	15~20℃
생육적온	15~25℃

일명 교나(京菜)라고도 알려져 있는 채소로 흙과 물로만 키운다 하여 경수채라는 이름이 붙여졌다. 전혀 맵지 않으면서도 향기가 난다. 잎이 붉은 '적경수채'도 있다. 겨울 채소로 더위에 약하므로, 여름 재배 시 직사광선을 피해 주의하여 재배 하도록 한다. 기온의 일교차가 큰 창가에서는 생각보다 고온이 되기 쉬우므로 주의한다. 물이 컵 바닥까지 흘러내리도록 충분히 준다.

파종 0일
발아 5일
본엽전개 10일
솎아주기 / 추비주기 15일
수확 20일
25일

경수채 어린잎 키우기

적경수채는 경수채와 같은 작물이나 적색을 띠는 품종입니다.

솎아주기

7DAY

14DAY

21DAY

28DAY

수확사진

'경수채 어린잎' 삼겹살 말이

 **재료**

기본 재료
삼겹살 200g, 소금, 후추, 경수채 어린잎 100g

양념장
고춧가루 1T, 간장 1T, 매실액 1T, 레몬즙 1T, 다진 파 1T, 다진 마늘 1T, 볶음 통깨 약간

 **만드는 법**

1 삼겹살에 소금, 후추를 뿌려 밑간을 해 준다.
2 경수채 어린잎을 깨끗이 씻어 물기를 뺀다.
3 밑간을 한 돼지고기를 노릇하게 굽는다.
4 접시에 돼지고기를 깔고 그 위에 경수채 어린잎을 올려놓고 돌돌 말아준 후, 이쑤시개로 고정해 준다. 양념장을 얹는다.

명아주과

근대
LEAF BEET

근대

비타민 A, B, C, K가 풍부.
각종 미네랄 및 식이섬유도
풍부.

발아 25℃   생육적온 20~25℃

학 명	*Beta vulgaris* var. *cicla*
원 산 지	유럽 남부
발아적온	25℃
생육적온	20~25℃

잎채소로 개량된 비트의 한 계통이다. 비트와는 달리 뿌리보다는 잎과 잎자루가 잘 발달되어 있다. 잎자루의 색이 적색, 황색, 분홍색 등으로 다양하다. 2년생 식물로 시금치처럼 삶아 먹거나 샐러드 등으로 이용할 수 있다. 기르기도 쉽고 잘 자라며, 약간 더운 날씨에도 견딜 수 있어 연중 심어두고 먹을 수 있지만, 추위에는 다소 약하다. 잎과 잎자루에는 비타민 A, B 및 C가 많이 들어 있다.

근대 어린잎 키우기

솎아주기

7DAY

14DAY

21DAY

28DAY

BABY LEAF VEGETABLE

'근대 어린잎' 된장국

 **재료**

기본 재료

근대 어린잎 200g, 쌀뜨물 4컵, 국물용 큰 멸치 10마리, 다시마 2장, 대파 ⅓대, 매운 고추 1개, 두부 1/4모, 된장 3T, 다진 마늘 1T, 소금 약간

 만드는 법

1. 근대 어린잎, 대파, 매운 고추를 깨끗이 씻어 물기를 뺀다. 대파와 고추는 잘게 썬다.
2. 냄비에 쌀뜨물, 국물용 멸치와 다시마를 넣고 끓여 국물을 준비한다.
3. 멸치와 다시마를 건져 내고 국물에 된장을 풀어준다.
4. 국물이 끓으면 두부, 근대, 대파, 고추, 다진 마늘을 넣고 한 번 더 끓여 준 후, 소금으로 간을 맞춘다.

국화과

레드 치커리

RED CHICORY

BABY LEAF VEGETABLE
100

레드 치커리

부드럽고 아삭아삭. 소화를
촉진하는 쓴맛의 인티빈 성분 함유.

발아 15~20℃
생육적온 20~25℃

학　　명	*Cichorium inbybus* L. var. *folisum*
원 산 지	프랑스, 이탈리아
발아적온	15~25℃
생육적온	20~25℃

엔디브와 같은 속으로, 어린잎은 샐러드로 이용할 수 있다. 색깔은 선명하고, 식감은 부드럽고 아삭아삭하며 약간의 쓴맛이 있다. 치커리의 쓴맛은 인티빈(Intybin)이라는 성분에 의한 것으로 소화를 촉진하고, 혈관계를 튼튼하게 하는 것으로 알려져 있다. 칼슘, 인, 철, 비타민 A, C가 함유되어 있다. 재배방법은 엔디브와 거의 같다. 광발아종자로, 씨를 뿌릴 때 흙을 얇게 덮어주어 빛을 받도록 하는 것이 좋으나 건조하지 않도록 주의한다.

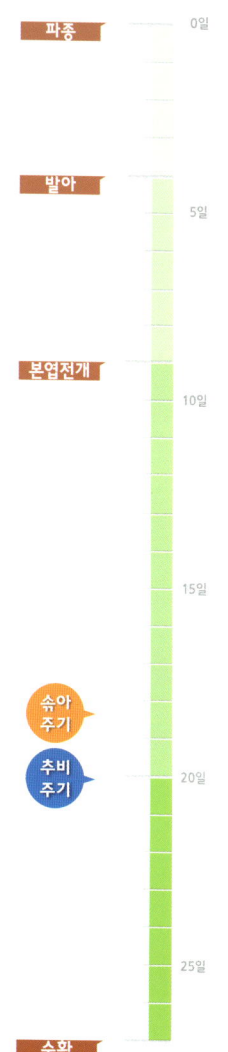

레드 치커리 어린잎 키우기

어린잎 훈제오리 샐러드

 재료

기본 재료
훈제오리 1/4팩(200g), 소면, 어린잎(레드치커리·소송채·상추 등) 30g

드레싱
허니 머스터드 2 큰술, 매실액 1 큰술, 올리브 오일 2 큰술, 식초 2 큰술, 소금·후추·볶음 통깨 약간

 만드는 법

1. 레드치커리 등 어린잎을 깨끗이 씻어 체에 밭쳐 물기를 뺀다.
2. 훈제오리를 먹기좋은 크기로 얇게 썰어 프라이팬에 노릇하게 굽는다.
3. 허니 머스터드, 매실엑기스, 올리브 오일, 식초와 약간의 소금, 후추, 볶음 통깨를 골고루 섞어 드레싱을 만든다.
4. 어린잎과 훈제오리를 보기 좋게 접시에 담고 드레싱을 뿌려준다.

국화과

로메인 상추

ROMANE LETTUCE

로메인 상추

일반 상추와 달리 쓴맛이 적고 감칠맛이 남. 비타민과 미네랄 풍부.

발아 20℃ | 생육적온 20~25℃

학 명	*Lactuca sativa* L.
원 산 지	유럽, 서아시아
발아적온	20℃
생육적온	20~25℃

영어 명칭 'Romane Lettuce'은 '로마인의 상추'라는 뜻으로, 로마인들이 대중적으로 즐겨 먹던 상추라 하여 붙여졌다. 로마인들이 즐겨 먹던 상추의 한 종류로, 샐러드나 쌈채소로 이용된다. 발아에 빛이 필요한 '광발아종자'로 파종 시 흙을 얇게 덮어주는 것이 좋으나 건조하지 않도록 주의한다. 재배 중 온도가 올라가면 잎이 해를 입을 수 있다. 통풍이 잘되고 빛이 너무 강하거나 약하지 않은 곳에서 키운다. 상추의 한 종류이지만 배추처럼 잎이 직립하여 포기 형태로 자란다. 칼륨, 칼슘, 철 등 미네랄 성분이 풍부하고, 비타민 A, C, 엽산 등이 함유되어 있다. 씹는 맛이 아삭아삭하며, 일반 상추와 달리 쓴맛이 적고 감칠맛이 난다.

파종 — 0일
발아 — 5일
본엽전개 — 10일
— 15일
솎아주기 / 추비주기 — 20일
— 25일
수확

로메인 상추 어린잎 키우기

로메인 레드상추는 로메인 상추와 같은 작물이나 적색을 띠는 품종입니다.

솎아주기

7DAY

14DAY

21DAY

28DAY

수확사진

BABY LEAF VEGETABLE

2인분

'로메인 상추 어린잎' 무쌈

 재료

기본 재료

무쌈 10장, 로메인 상추 어린잎 30g, 계란 2개, 오이 1/2개, 당근 1/2개, 파프리카 1/4개, 맛살 1개, 맛타리 버섯 10줄기, 땅콩버터 소스, 초고추장

 만드는 법

1 로메인 상추 어린잎은 깨끗이 씻어 물기를 빼놓는다.
2 계란을 풀어 얇게 지단을 부쳐 채를 썬다.
3 오이는 돌려 깍기 하여 채 썰고, 당근, 파프리카, 맛살도 같은 길이로 채를 썰어 준비한다.
4 버섯은 소금을 넣고 살짝 볶아준다.
5 무쌈 위에 준비한 재료를 얹어 돌돌 말아준다. 땅콩버터 소스나 초고추장에 찍어 먹는다.

국화과

쑥갓
CROWN DAISY

쑥갓

향이 독특하고 맛이 산뜻.
비타민 A, B, C, 칼슘 풍부.

 발아 15~20℃
 생육적온 15~20℃

학　　　명	*Chrysanthemum coronarium* var. *spatiosum*
원 산 지	유럽
발아적온	15~20℃
생육적온	15~20℃

잎의 형태가 국화와 비슷하다. 잎과 줄기를 주로 먹는데 서양에서는 관상용으로 심으며, 동양에서는 채소로 재배하는데, 더위나 추위에 강하다. 비타민 A, B, C, 칼슘, 엽록소가 풍부하며 특유한 향이 있으며 쑥갓은 옛날부터 위를 따뜻하게 하고 장을 튼튼하게 하는 채소로 알려져 있다.

쑥갓 어린잎 키우기

솎아주기

7DAY

14DAY

21DAY

28DAY

수확사진

'쑥갓 어린잎' 떡볶이

재료

기본 재료
떡볶이용 떡 1팩(500g), 쑥갓 어린잎 50g, 양파 1/2개, 대파 1/2개, 파프리카 1/4개, 당근 약간, 어묵 2장, 고추장 3T, 고춧가루 1T, 올리고당 2T(또는 물엿), 간장 2T, 맛술 3T, 다진 마늘 1/4T, 닭 육수

만드는 법

1. 떡볶이용 떡은 하나씩 떼어 물로 깨끗이 씻는다.
2. 양파, 대파는 큼직하게 썰어 준다. 당근과 파프리카는 채를 썬다.
3. 프라이팬에 닭 육수를 넣고 끓기 시작하면, 고추장을 풀어준다. 올리고당, 간장, 고춧가루, 맛술과 마늘을 넣어준다.
4. 떡, 당근, 양파, 파프리카, 어묵을 차례로 넣고 골고루 섞으면서 끓여 준다. 대파와 쑥갓 어린잎을 넣고 불을 끈다.

배추과

아마란스
AMARANTH

아마란스

고온·건조에 매우 강함. 칼슘 등 미네랄과 비타민 풍부. 항산화능도 높은 건강 채소.

발아
20~25℃

생육적온
25~30℃

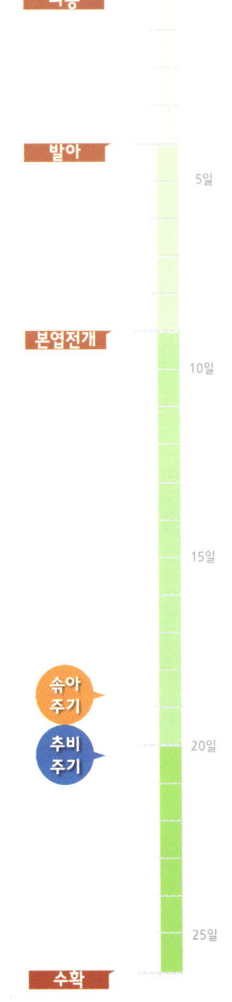

학 명	*Amaranthus magstanus* L.
원 산 지	중남미
발아적온	20~25℃
생육적온	25~30℃

맨드라미와 같이 생긴 아마란스는 동남아시아 등에서 채소로 널리 이용되고 있다. 어린 포기나 잎을 식용하고 있다. 따뜻하고 햇빛이 강한 곳에서 잘 자란다. 시금치처럼 나물, 샐러드, 스프 등으로 이용한다. 떫은 맛이 없어 먹기 쉬운 것이 특징이다. 철분, 비타민 A, 칼슘이 풍부하다.

아마란스 어린잎 키우기

솎아주기

7DAY

14DAY

21DAY

28DAY

수확사진

1인분

'아마란스 어린잎' 크랜베리 닭가슴살 샌드위치

 **재료**

기본 재료
호밀식빵 2장, 아마란스 어린잎 30g, 익힌 닭가슴살 50g, 양상추 50g, 로메인 상추 50g, 토마토 1/4개, 크랜베리 2T, 마요네즈 5T, 버터 약간, 소금 약간, 후추 약간

 **만드는 법**

1 닭가슴살을 잘게 잘라, 크랜베리, 마요네즈, 소금, 후추를 넣고 섞어준다.
2 토마토를 얇게 자른다.
3 식빵 한쪽에 버터를 얇게 발라준다.
4 그 위에 양상추를 깔고 섞어둔 닭가슴살 위에 토마토, 아마란스 어린잎, 로메인 상추를 얹고 버터를 바른 식빵을 올려 먹기 좋은 크기로 잘라준다.

국화과

엔디브
ENDIVE

BABY LEAF VEGETABLE
116

엔디브

바깥쪽 주름진 잎과 쓸쓸레한 맛이 특징. 비타민과 식이섬유 풍부.

발아 15~20℃ 생육적온 20~25℃

학 명	*Cichorium endivia* L.
원 산 지	중남부 유럽
발아적온	15~20℃
생육적온	20~25℃

잎 폭이 좁고 연한 녹색이며, 잎 바깥 쪽에 주름이 있다. 약간 쓸쓸레한 맛이 있으나, 실내에서 직사광선을 피해 키우면 쓴맛이 약해진다. 엽산, 비타민 A, K 및 식이섬유 등이 풍부하다. 더위와 건조에 약하므로 직사광선을 피하고 토양 표면이 건조하지 않도록 물 관리에 주의한다.

파종 0일
발아 5일
본엽전개 10일
솎아주기
추비주기 15일
수확 20일
25일

엔디브 어린잎 키우기

7DAY

솎아주기

14DAY

21DAY

28DAY

수확사진

'엔디브 어린잎' 한입 돈가스 까나페

 재료

기본 재료
돈가스 2장, 토마토 1개, 엔디브 어린잎 30g, 돈가스 소스

 **만드는 법**

1 돈가스를 바삭하게 튀겨 기름을 뺀 뒤, 3cm 크기로 네모나게 자른다.
2 토마토는 1cm 두께로 동그랗게 썬다.
3 토마토 위에 약간의 엔디브 어린잎 채소를 펼치고 그 위에 돈가스를 올린 다음 다시 엔디브 어린잎 채소를 올린다.
4 약간의 돈가스 소스를 뿌려 준다.

꿀풀과

잎들깨

PERILLA

잎들깨

독특한 향이 특징. 비타민과 철 등 미네랄 함량 풍부.

학　명	*Perilla frutescens* var. *japonic*
원 산 지	한국 등 동부 아시아
발아적온	15~25℃
생육적온	20~25℃

한국인이 특히 좋아하는 잎들깨는 불고기, 갈비, 생선회 등을 먹을 때 잘 어울리는 채소이다. 척박한 토양 등 불량한 환경에서 잘 자란다. 들깻잎에는 100g당 비타민 A, B_1, B_2, C, 칼슘, 철분을 많이 함유하고 있어, 비타민과 칼슘 및 철의 좋은 공급원이다. 또한 안토시아닌 등의 플라보노이드 색소가 많이 들어 있고, 페릴라 알데하이드 등 정유 성분이 들어 있어 들깨만의 독특한 향미가 있다. 이러한 향기는 정어리 같은 생선의 특수한 냄새를 제거하므로 생선과 육류의 비릿한 냄새나 느끼한 맛을 없애 주는 역할을 한다.

잎들깨 어린잎 키우기

4인분

'들깨 어린잎' 오징어볶음

 재료

기본 재료
오징어 1마리, 들깨 어린잎 100g, 양파 1/2개, 고추 3개, 양배추잎 2장, 파 약간, 다진 마늘 1T, 참기름 약간, 식용유 약간

양념장
굴소스 1/2T, 간장 1/2T, 미림 1/2T, 설탕 1T, 고춧가루 1큰술, 후추 약간

 만드는 법

1 오징어는 살짝 데쳐 내장을 빼고 껍질을 벗긴 후 한입 크기로 길쭉하게 썬다.
2 양파, 꽈리고추, 양배추, 마늘, 파는 송송 썬다.
3 식용유를 두른 팬에 오징어, 마늘, 양파를 넣고 먼저 볶다가, 오징어가 어느 정도 익으면 나머지 재료와 양념을 넣고 강한 불로 재빨리 볶아 낸다.
4 불을 끄고 마지막으로 참기름과 들깨 어린잎을 넣고 섞어 준다.

명아주과

비트
BEET

비트

항산화능이 뛰어난 진한 자줏빛의 베타레인(betalain) 풍부.

발아	생육적온
25℃	20~25℃

- 파종 0일
- 발아 5일
- 본엽전개 10일
- 솎아주기 / 추비주기 15일
- 수확 20일
- 25일

학 명	*Beta vulgaris* var. conditiva
원 산 지	유럽 남부
발아적온	25℃
생육적온	20~25℃

비트의 학명 중 Beta는 켈트어의 'bette' 즉 붉다는 뜻에서 유래된 라틴어이다. 잎자루가 진한 자줏빛으로 색깔이 아름다워 샐러드, 디저트 등에 많이 이용된다. 근대, 시금치와 같은 과로 재배방법은 근대와 같다. 종자가 크기 때문을 씨를 뿌린 후 흙을 확실히 덮어주도록 한다. 한 개의 씨에서 1개 또는 2개의 싹이 나온다.

비트 어린잎 키우기

솎아주기

7DAY

14DAY

21DAY

28DAY

수확사진

'비트 어린잎' 두부 탕수

재료

기본 재료
두부 1/2모, 비트 어린잎 30g, 양파 1/4개, 파프리카 1/4개, 당근 1/4개, 통조림 파인애플 1조각, 녹말가루 약간, 설탕 3T, 식초 4T, 소금 약간, 식용유 약간

만드는 법

1 두부를 사각(2x2cm)으로 썰어 녹말가루를 묻혀 부친다.
2 양파, 파프리카, 당근, 통조림 파인애플은 먹기 좋은 크기로 썰어, 식용유를 두른 프라이팬에 넣고 노릇하게 볶은 후 부쳐 놓은 두부를 넣고 볶아준다.
3 냄비에 설탕, 식초, 소금을 넣고 끓이다가 녹말 물을 넣어 걸쭉한 상태로 만든 후, 2를 접시에 담고 그 위에 뿌려 준다.
4 비트 어린잎을 얹는다.

국화과

적축면 상추

LEAF LETTUCE

적축면 상추

철(Fe) 등 미네랄과 비타민, 안토시아닌 함량 풍부.

발아 15~20℃
생육적온 15~20℃

학 명	*Lactuca sativa* L.
원 산 지	유럽, 서아시아
발아적온	15~20℃
생육적온	15~20℃

상추는 비교적 서늘한 조건에서 잘 자라는 호냉성 채소로서 더위에는 약하다. 발아 시 온도가 낮으면(8℃ 이하) 발아가 지연되고, 30℃ 이상에서는 발아가 극히 나빠진다. 생육 기간에 온도가 높아지게 되면 꽃대 발생, 쓴맛의 증가, 생리적 장해 및 여러 가지 병이 걸리기 쉽다. 상추는 신선하고 상쾌한 맛을 지닐 뿐 아니라 씹는 느낌이 좋아 생식에 적합하다. 특히 우리나라에서는 상추쌈으로 많이 이용되고 있으며 세계적으로도 가장 중요한 샐러드용 채소이다.

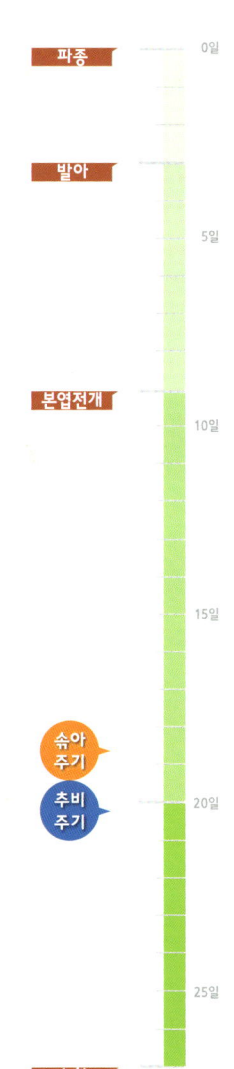

적축면 상추 어린잎 키우기

2인분

'적축면 상추 어린잎' 김말이(마키)

 재료

기본 재료
밥 1공기, 김 3장, 적축면 상추 어린잎 30g, 맛살 1개, 무순 30g, 오이 ¼개, 파프리카 ¼개, 간장 약간

 만드는 법

1 적축면 상추 어린잎, 무순은 깨끗이 씻어 물기를 뺀다. 맛살은 결 대로 잘게 찢는다.
2 오이는 돌려 깍기 하여 채 썰고, 당근, 파프리카, 맛살도 같은 길이로 채를 썰어 준비한다.
3 10x10cm로 자른 김 위에 약간의 밥을 얇게 펼쳐 준다.
4 준비한 재료를 얹은 뒤 고깔 모양으로 말아준다. 간장에 찍어 먹는다.

배추과

청경채
PAK CHOI

BABY LEAF VEGETABLE

청경채

부드러운 단맛, 칼슘 등
미네랄과 비타민, 식이섬유
풍부.

발아
15~20℃

생육적온
20~25℃

파종 — 0일

발아 — 5일

본엽전개 — 10일

솎아주기
추비주기 — 15일

수확 — 20일

— 25일

학　명	*Brassica rapa* var. *chinensis*
원 산 지	중국
발아적온	15~20℃
생육적온	20~25℃

알칼리성의 미네랄이 풍부한 녹황색 채소로 엽육이 비교적 두꺼우나, 부드럽고 단맛이 있어 아이들도 즐길 수 있다. 칼슘, 철, 칼륨, 베타카로틴, 비타민 A, 비타민 C, 식이섬유 등이 함유되어 있다.
서늘한 기후에서 잘 자라지만, 더위에도 강하다. 여름 재배 시 충해(배추좀나방 등)가 심하므로 관리에 주의를 기울인다.

청경채 어린잎 키우기

솎아주기

7DAY

14DAY

21DAY

28DAY

수확사진

'청경채 어린잎' 비빔국수

재료

기본 재료
국수, 청경채 어린잎 30g

양념장
간장 1.5T, 고추장 1.5T, 식초 2T, 올리고당 1T, 볶음 통깨 약간

만드는 법

1. 청경채 어린잎을 흐르는 물에 깨끗이 씻어 체에 밭쳐 물기를 뺀다.
2. 간장 등 양념 재료를 넣고 잘 섞어 양념장을 만든다.
3. 국수를 쫄깃하게 삶아 찬물에 잘 헹구어 물기를 뺀 후 국수사리를 만든다.
4. 그릇에 국수사리를 담고 그 위에 청경채 어린잎과 양념장을 얹는다.

배추과

적소송채
KOMATSUNA

BABY LEAF VEGETABLE

적소송채

비타민 A와 철, 칼슘 등 미네랄 함량 풍부.

발아
5~30℃

생육적온
10~25℃

학 명	*Brassica rapa* var. *perviridis*
원 산 지	일본
발아적온	5~30℃
생육적온	10~25℃

녹황색 채소 중 영양가가 높다. 비타민 A가 풍부하고, 철 함량이 많아, 빈혈이 있는 사람은 계속 키우면서 지속적으로 먹으면 좋다. 채소 중에는 케일 다음으로 칼슘 함량이 풍부하다. 추위나 더위에 강하며, 그늘에서도 잘 자란다. 병에는 잘 걸리지 않으나, 진딧물 등에 의한 충해를 입기 쉽다. 겨울 채소로, 서리가 내리는 계절에는 엽육(잎 두께)이 두껍고 부드러워지며, 단맛이 증가한다.

적소송채 어린잎 키우기

솎아주기

7DAY

14DAY

21DAY

28DAY

수확사진

'소송채 어린잎' 김밥

재료

기본 재료
김밥용 김, 소송채 어린잎 30g, 달걀 2개, 맛살 4줄, 볶음 우엉, 파프리카 1개

김밥용 밥
밥 2공기, 소금, 참기름, 볶음 통깨 약간

만드는 법

1 고슬 고슬하게 지은 밥에 참기름과 볶음 통깨, 소금을 약간 넣고 골고루 섞어 준다.
2 맛살을 살짝 볶아서 준비한다.
3 파프리카를 채 썰어서 소금을 넣고 볶아서 준비한다.
4 계란을 풀어 프라이팬에 얇게 펼쳐 부쳐 준비한다.
5 김 위에 밥을 깔고 계란 등 준비된 재료를 올린 뒤 말아 준다.

2인분

배추과

케일
K A L E

BABY LEAF VEGETABLE
140

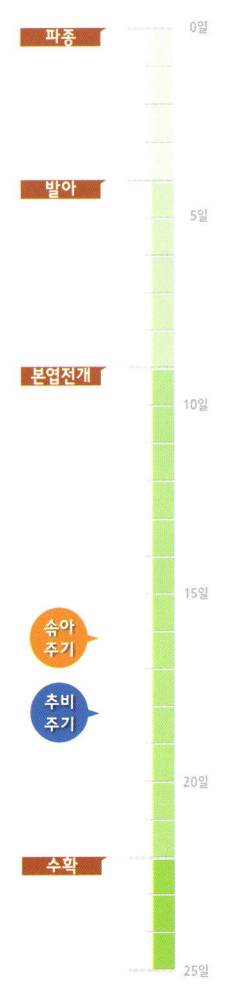

케일

비타민 A, C, K 및 칼슘과 철 함량이 매우 높다.

발아 4~35℃
생육적온 15~20℃

학 명	*Brassica oleracea L. var. acephala Alef.(D.C.)*
원 산 지	유럽 서남부
발아적온	4~35℃
생육적온	15~20℃

비타민 A, C, K 및 칼슘과 철 함량이 매우 높다. 열을 가하면 영양소들이 파괴될 수 있으므로, 가급적 생으로 먹는 것이 좋다. 녹즙이나 쌈채소로 많이 이용된다. 혈중 콜레스테롤 수치를 낮추어 고혈압을 개선하고, 혈당치 회복 효과 등이 있다. 발암 물질을 해독하는 인돌화합물 (indole-3-carbinol)이 함유되어 있다. 케일의 쓴맛 성분은 티오시아네이트 (Thiocyanate)라는 성분으로, 빈속에 즙을 다량으로 복용하면 위가 쓰리게 되므로 유의한다.
서늘한 기후를 좋아하지만, 저온과 고온에도 매우 강하다.

배추과

잎브로콜리
BROCCOLI

잎브로콜리

비타민 C와 섬유소 함량이 풍부. 항암효과가 높은 설포라판 함유.

발아 15~30℃ 생육적온 15~20℃

학 명	*Brassica oleracea* L. var. *Italica*
원 산 지	지중해
발아적온	15~30℃
생육적온	15~20℃

비타민 C와 섬유소 함량이 높다. 열을 가하면 영양소들이 파괴될 수 있으므로, 가급적 생으로 먹는 것이 좋다. 항암효과가 높은 것으로 알려진 설포라판(sulforaphane)과 발암 물질을 해독하는 인돌화합물(indole-3-carbinol)이 함유되어 있다. 다른 배추과 작물과 동일하게 시원한 날씨를 좋아하여, 25℃ 이상이면 생육이 떨어지고 5℃ 이하에서는 저온 피해를 보인다.

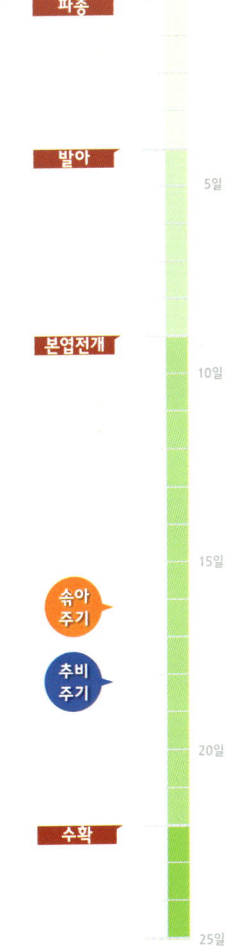

1인분

케일 어린잎 주스

 재료

기본 재료
케일 어린잎 30g, 사과맛 요구르트 1병

 만드는 법

1 케일 어린잎을 깨끗이 씻어 체에 밭쳐 물기를 뺀다.
2 믹서에 케일 어린잎과 요구르트를 넣고, 어린잎 채소가 곱게 갈려 요구르트와 골고루 섞일 때까지 갈아준다.
* 믹서 외에 녹즙기를 이용하여, 사과 또는 당근 등과 함께 즙을 내어 이용할 수 있다.

어린잎 겉절이

2인분

 **재료**

기본 재료
어린잎(잎브로콜리·청경채·겨자채 등) 1팩 (50g)

양념장
간장 1.5큰술, 고추장 1.5큰술, 식초 2큰술, 매실액 1큰술, 참기름·마늘·볶음 통깨 약간

 **만드는 법**

1 어린잎을 깨끗이 씻어 체에 밭쳐 물기를 뺀다.
2 간장, 고추장, 식초, 매실액 등을 넣고 골고루 섞어 양념장을 만든다..
3 큰 그릇에 어린잎과 양념장을 넣고 골고루 뿌려 준다.

어린잎 채소 키우기
Q&A

Q. 어린잎 채소 종자와 일반 채소 종자는 다른 건가요?

A. 국내의 경우 어린잎 채소와 일반 채소(다 자란 성숙한 잎을 이용하는 경우)는 같은 종자를 이용한다. 보통 종자를 파종하여 약 30일 정도 자라 본엽이 3~5매 정도 전개되고 잎의 길이가 10cm 이내로 부드러운 상태일 때 수확하여 '어린잎 채소'로 이용할 수 있으며, 그대로 키워 일반적으로 이용하는 다 자란 형태로 이용할 수도 있다.

Q. 실내의 빛만으로도 어린잎 채소를 잘 키울 수 있나요?

A. 식물 생장에 빛은 필수적이다. 가정 실내 형광등의 빛만으로는 채소가 잘 자라기는 어렵다. 물론 채소의 종류에 따라, 비교적 약한 빛에서도 자라는 것이 있지만, 해가 잘 드는 창가나 베란다에 두는 등 가능한 빛이 잘 드는 곳에 두도록 한다. 종이컵과 같은 작은 용기를 이용하는 경우 이동이 쉬우므로, 하루 중 빛이 잘 드는 곳으로 옮겨 놓거나, 스탠드 등을 이용하여 빛을 쪼여 주도록 한다.

Q. 발아적온이나 생육적온을 맞춰주지 못하면 안 되나요?

A. 식물을 키우는 데 있어서 재배 적기(適期)를 아는 것은 매우 중요하다. 언제 파종을 해야 하는지, 언제 키워야 하는지를 알아야 한다. 판매되는 종자 봉투에

'발아적온'이나 '생육적온' 또는 '파종적기' 등이 기재되어 있는데, 이를 기준으로 하면 좋다. 발아적온이 아닐 때 종자를 심으면 발아율이 떨어지거나, 발아를 해도 생장이 나빠진다. 단지 실내에서 온도관리가 용이한 경우라면, 외부의 기온에 상관없이 재배할 수 있다. 판매되는 종자는 한 봉투에 여러 번 파종할 수 있을 만큼의 종자가 들어 있으므로 시험해 보도록 하자.

Q. 종자를 심으면 모두 나오는지?

A. 종자를 심어서 100% 발아한다고는 할 수 없다. 구입한 종자 봉투에 기재되어 있는 종자의 생산연도나 발아율을 참고하도록 한다. 종자도 작은 생명체이다. 파종 시 토양의 수분상태나 온도, 빛 조건 등 환경에 따라 발아율에 차이가 있다. 보통 생산된 지 오래된 종자는 발아율이 떨어진다. 또 종류에 따라, 발아에 빛을 필요로 하는 경우도 있기 때문에 이러한 경우 복토를 얇게 해주어야 하는 등 파종 시에도 주의를 필요로 한다. 발아를 하지 않거나 잘 자라지 않을 때는 다시 파종을 시도해 보도록 한다.

Q. 흙은 어떤 것을 사용하면 좋은지?

A. 처음 채소를 키운다면, 화원 등 원예용품점에서 판매하는 원예용 상토를 사용하도록 한다. 상토에는 부엽토나 피트모스, 펄라이트 등이 배합되어 있는데, 통기성이나 배수성이 좋도록 조정되어 있다. 다양한 종류의 제품이 판매되고 있는데, 제품에 따라 원료나 배합비율이 다르므로, 제품에 표기되어 있는 내용을 잘 확인하고 구입하도록 한다. 어린잎 채소 재배 시에는 원예용, 가능하면 채소재배용 상토를 선택하도록 한다.

Q. 분무기를 사용하면 좋은 이유는?

A. 종이컵과 같이 작은 용기의 작은 싹에 물을 주는 데에는 분무기가 좋다. 물조루(물뿌리개)는 물이 세게 나오기 때문에 종자가 씻겨 한곳에 몰리거나, 발아한 싹이 흙에 묻혀 버리는 경우가 있다. 단지 분무기로 물을 준다고 해도 흙 표면만 젖을 정도로만 주어서는 안 되고 용기 바닥 구멍에 물방울이 맺힐 정도로 충분히 주도록 한다. 그리고 다음 물 주기는 흙 표면이 마를 때까지 기다리도록 한다.

Q. 추비는 어떻게 주어야 하나요?

A. 어린잎 채소는 재배기간이 짧기 때문에, 추비를 주어야 하는 횟수는 그리 많지 않다. 본잎이 나오기까지는 상토에 포함되어 있는 양분만으로 충분히 키울 수 있다. 본잎이 나오면서부터 2주에 1회 정도 액비를 주면, 생장속도가 빨라지고 식물체가 커진다. 추비를 꼭 주어야 하는 것은 아니며, 식물의 생장속도를 보면서, 잘 자라지 않거나 잎 색이 엷어지거나 하면 추비를 주도록 한다.

Q. 왜 액비가 좋은지?

A. 비료에는, 고형비료와 액체비료(액비)가 있다. 일반적으로 액비는 고형비료보다도 효과가 빠르기 때문에, 엽채류와 같이 재배기간이 짧은 채소의 재배에는, 액비를 이용하는 것이 좋다. 액비에는 희석배율이 있기 때문에 제품 병에 붙어 있는 설명서를 잘 읽고 희석하도록 한다. 희석배율이 잘못되어 농도가 너무 높으면 뿌리가 상하여 말라죽을 수도 있으므로 주의하도록 한다. 플라스틱 음료수병(1.5L) 등 물량을 알기 쉬운 용기를 이용하여, 물로 희석하여 액비를 주도록 한다.

Q. 솎아주기는 어떻게 하면 좋은지?

A. 솎아주기는 두 가지를 생각할 수 있다. 한 가지는 좋은 싹이 상하지 않도록 발아 후 상태가 좋지 않은 약한 싹이나 떡잎이 기형이거나 변색된 것 등을 가위로 잘라 주는 것. 또 한 가지는 본잎이 나오고 나서, 한곳에 식물체가 너무 많이 몰려 있거나 약하게 자라는 식물체를 가위로 잘라주거나 뽑아주면 된다.

Q. 종이컵과 같이 작은 용기로 보통 크기의 채소를 키울 수 있는지?

A. 기본적으로는 어렵다. 흙의 양이 많을수록 채소는 뿌리를 길게 뻗고 크게 자란다. 종이컵과 같이 작은 크기의 용기를 이용하여 보통 크기의 채소를 키우려고 하면, 뿌리가 자랄 공간이 적어지고 뿌리돌림이 심해져 식물체의 상태가 안 좋아진다. 종이컵에서 어느 정도 자란 식물체를 뽑아 좀 더 큰 용기로 옮겨 주는 편이 좋다.

Q. 어린잎 채소는 어느 정도 키우면 먹을 수 있나요?

A. 어린잎 채소는, 본잎의 길이가 7~10cm 정도로, 파종 후 약 30일 정도가 되면 먹을 수 있다. 재배 이력을 참고하도록 한다. 슈퍼마켓 등에서 파는 어린잎 채소 제품을 참고하면 좋다. 단지 판매하는 제품은 전문 농가에서 재배된 것이기 때문에, 집에서 키우면 다소 품질이 떨어질 수 있다.

Q. 발아한 싹이 힘없이 연약하게 자라는데…

A. 일조 부족이나 물이 부족한 것이 원인이 될 수 있다. 힘없이 가늘게 자란 식물체는 솎아주고 건강한 식물체를 남긴다. 솎아준 식물체는 샐러드 재료로 이용할 수 있다.

Q. 제품 사진에는 붉은색의 어린잎 채소였는데, 실제 키우니 녹색인데...

A. 채소로서의 품질에 문제는 없다. 상추 등은 여름과 같이 온도가 높은 시기에 적자색의 색소가 제대로 나타나지 않아, 녹색 잎이 된다. 가을 이후 기온이 내려가고 선선해지면 적자색을 띠는 것을 볼 수 있다.

Q. 창가에 두었더니 시드는데...

A. 창가의 기온 변화는 종이컵과 같이 작은 용기에 심어진 채소에 있어서는 생각보다 클 수 있다. 여름뿐만 아니라, 일중 강한 햇볕을 쬐면 잎이 타거나, 흙이 바짝 말라 버릴 수 있다. 이럴 때는 용기 바닥 구멍에 물이 흐를 정도로 충분히 주도록 하고, 통풍이 잘되는 그늘진 곳으로 옮겨 두도록 한다. 단지 한 번에 너무 많은 물을 주면 식물체가 쓰러지거나 흙에 묻혀 버릴 수 있다. 시든 잎에 흙이 묻으면 병원균이 침입하여 병에 걸리기 쉽기 때문에, 분무기를 이용하도록 한다. 2~3시간이 지나 식물체가 원 상태를 회복하면 괜찮은 것이다.

Q. 실내에 두었는데 진딧물이 붙어 있다...

A. 어디에선가 왔는지, 특히 봄철이나 가을철에는 진딧물이나 응애가 생기기 쉽다. 진딧물은 진딧물과의 해충으로 줄기·싹·잎에 모여서 살며 식물의 즙액을 빨아먹는다. 초기에 발견하면 손으로 잡아주거나 분무기 등을 이용하여 물로 씻어 내어 피해를 최소화하도록 한다.

Q. 잎 표면에 구불구불한 하얀 줄이 생겼는데...

A. 잎굴파리에 의한 것이다. 크기 3mm 정도, 황색 또는 담황색 구더기 모양의 유충이 잎 조직 속에서 굴을 파고 다니면서 갉아먹는데 피해부위는 흰색의 줄 모양이 생기고 점차 갈색으로 변색하며, 심하면 잎 전체가 말라죽는다. 발견하면 피해 잎을 바로 제거하도록 한다.

Q. 잎이 변색되었는데...

A. 일조가 부족하거나 비료가 부족하거나, 또는 병이 생긴 것일 수도 있다. 잎 색이 엷어졌으면 액비를 줘 보도록 한다. 잎에 변색이나 곰팡이, 축엽 등의 증상이 보이면 병에 걸렸을 수 있기 때문에, 다른 식물체 등과 분리하여 놓고, 피해 잎은 제거하도록 한다. 병은 통풍이나 일조가 부족한 경우에 발생하기 쉬우므로, 재배하고 있는 환경 등을 검토해보도록 한다.

HERB VEGETABLE

푸른 풀을 의미하는
라틴어 허바(Herba)가 어원이다.
향과 약초라는 뜻으로 써오다가
BC 4세기경 그리스 학자인
테오프라스토스가 식물을 교목·관목·초본 등으로
나누면서 처음으로
허브라는 말을 쓰게 되었다.

맛있는
허브 기르기

허브 이야기 (herb)

'푸른 풀'을 의미하는 라틴어 허바(Herba)가 어원인 허브는 예로부터 약초나 향신료로 쓰여 왔다. 향(香)과 매운맛, 쓴맛 등의 풍미를 즐기기 위해 소량으로 이용되는 허브는, 비타민과 미네랄이 풍부하고 각종 약리성분으로 소화·수렴·이뇨·살균·항균 등의 작용을 하므로, 따뜻한 물에 녹여 차로 마시거나 고기나 생선, 내장류의 냄새를 없애고 단맛·매운맛·쓴맛·신맛 등의 맛에 변화를 줄 수 있어 애용되고 있다. 생육이 매우 강하여 어느

곳에서나 잘 자라지만, 통풍과 보온성 및 배수성이 좋고 유기질이 많으며 햇빛이 충분한(하루 5~6시간 이상) 양지바른 토양에서 잘 자란다.

허브 종류

원산지별 허브종류

원산지	지역특성	허브종류
지중해 연안 지역	기온 : 연중 따뜻함, 여름에는 서늘한 편 강우 : 여름에는 강우량이 적고 건조, 겨울에 비교적 많이 오는 편 햇빛은 강하지만 습도가 높지 않고 바람이 많이 불어 선선함	라벤더, 로즈마리, 마조람, 민트, 보리지, 샤프란, 세이지, 오레가노, 코리안더, 크레송, 타임, 파슬리, 훼넬, 히솝 등 → 고온다습에 약함, 장마철 과습 주의
유럽 중·북부 지역	기온 : 겨울에는 춥고(1월 평균 -5~-20℃), 여름에는 따뜻 강우 : 연중 고름	딜, 레몬밤, 안젤리카, 처빌, 치커리 등 겨울철 저온에는 비교적 강하나, 고온 다습에 약함.
아시아 지역	기온 : 연중 따뜻함(월평균 18℃이상) 햇빛이 강함	레몬그래스, 바질, 스테비아 등 → 여름 더위에 강하나, 내한성(耐寒性)이 없음
아시아 지역	기온 : 겨울에는 춥고, 여름에는 따뜻 강우 : 여름 강우량이 많음 사계절 뚜렷	마늘, 자소, 자스민, 차이브 등 → 기후, 풍토가 비슷하여 관리가 쉬움

식물학적 분류에 따른 허브종류

과명	허브종류
국화과	스테비아, 야로우, 치커리, 카모마일 등
꿀풀과	마죠람, 민트, 라벤더, 로즈마리, 바질, 세이보리, 세이지, 오레가노, 타임, 히솝 등
미나리과	딜, 차빌, 코리안더, 파슬리, 훼넬 등
배추과	로켓 샐러드, 워터크레스 등
백합과	마늘, 차이브, 파 등

원예학적 분류에 따른 허브종류

분류	허브종류
일년초~이년초	로켓 샐러드, 보리지, 세이보리, 세이지, 코리안더, 파슬리 등
다년초	마죠람, 민트, 라벤더, 세이보리, 세이지, 야로우, 오레가노, 차이브, 카모마일, 타임, 휀넬, 히솝 등
상록수	로즈마리, 유카리, 월계수 등
낙엽수	레몬밤, 보리수, 산초 등
구근식물	백합류, 샤프란 등

키우는 장소에 따른 허브종류

분류	허브종류
화단에서 기르기 쉬운 허브	라벤더, 세이지, 오레가노, 차이브, 카모마일, 타임, 페퍼민트 등 → 월동 가능온도를 파악하여 미리 대비한다.
화분 등 용기에서 기르기 쉬운 허브	라벤더, 레몬밤, 로즈마리, 민트, 바질, 워터 크레스, 세이지, 야로우, 차이브, 차빌, 카모마일, 캐트닙, 타임, 타라곤, 파슬리, 휀넬 등 → 물관리에 주의한다.
베란다에서 기르기 쉬운 허브	레몬버베나, 로즈마리, 바질, 세이지, 타임 등 → 한여름의 베란다는 태양의 복사열에 온도가 상당히 높아지므로, 바닥에 발 등을 깔아서 온도상승을 막아준다.
실내에서 기르기 쉬운 허브	민트, 레몬밤, 로즈마리, 바질, 세이지, 차빌 등 → 해가 잘 드는 곳에 둔다.

허브의 이용

1 요리

- 여러 가지 요리에 향과 색을 더해 주어 한층 건강하고 맛있는 요리로 만들어 준다.
- 이용 부위에 따라 종자를 이용하는 허브, 잎 등을 채소로 이용하는 허브, 꽃을 이용하는 허브로 나눌 수 있다.
- 향이 강한 로즈마리, 세이지는 육류요리에, 파슬리, 차이브 등은 계란과 치즈요리에, 민트, 타임, 바질 등은 수프나 샐러드에 이용한다.

2 허브 티(herb tea)

- 향과 독특한 색을 특징으로 들 수 있다. 대부분 녹색을 띠지만, 히비스커스나 로즈힙 등은 붉은색을, 라벤더는 푸른색을 띤다.
- 향과 함께 불면증이나, 스트레스, 두통 등의 해소에 효능이 있는 것으로 알려져 있다.
- 말리지 않은 허브는 재빨리 깨끗이 씻어 물기를 없앤 뒤 적당한 크기로 끓는 물에 넣어 3분 정도 우려 마신다. 말려서 이용할 수도 있다.
- 허브 티로 이용하기 좋은 허브 : 라벤더, 로즈마리, 레몬밤, 카모마일, 페퍼민트
- 허브 티의 효능

  두통 해소 : 마조람, 민트, 라벤더, 레몬밤, 카모마일, 타임 등
  코막힘 해소 : 민트, 레몬 등
  감기증상 완화 : 민트, 카모마일 등
  기침 해소 : 라벤더, 오레가노, 히솝 등
  소화 촉진 : 레몬 그래스, 스피아민트, 페퍼민트 등
  원기회복 : 라벤더, 로즈마리, 리코리스, 바질, 카모마일 등

허브의 이용

3 방향제(향기주머니)

- 건조시킨 허브 식물의 꽃, 잎, 나무껍질 등에 에센셜 오일을 첨가하여 숙성시켜 사용한다.
- 불쾌한 냄새를 없애고 향을 즐길 수 있다.
- 라벤더, 레몬그래스, 로즈, 로즈마리, 캐모마일, 타임 등 이용

4 방충, 살균제

- 라벤더, 민트, 세이지, 타임 등

5 염료

- 라벤더, 레몬그래스, 메리골드, 민트, 세이지 등

6 목욕제

- 라벤더, 레몬밤, 로즈마리, 세이지, 카모마일, 타임, 페퍼민트 등

7 화장품

- 라벤더, 로즈마리, 민트, 카모마일 등

허브 키우기

허브를 키우기 위한 준비물

1 허브 종자 또는 모종
2 분무기
3 원예용 상토
4 액비(액체비료)
5 모종삽, 스푼, 가위 등

모종 구하기

허브는 종자를 구입하여 이용할 수도 있으나, 파종부터 수확까지 상당한 시간이 걸리므로, 모종을 구입하여 이용하는 것도 좋다. 허브 모종을 고를 때는 좋아하는 향의 허브를 선택한다. 줄기가 굵고 단단하며, 잎 색이 짙고 튼튼한 것을 고른다. 누렇게 변한 잎이 있는지 벌레에 의한 피해 증상이 남아 있는지, 흙이 얼마나 말라 있는지 꼼꼼히 확인하고 고르도록 한다.

구입한 모종은 구입 후 바로 원예용 상토 등을 이용하여 분갈이 해주도록 한다. 허브를 키우는 상토는 가능한 물 빠짐이 좋은 것을 이용하도록 한다.

물 관리

대부분의 허브는 다습한 것을 좋아하지 않기 때문에, 너무 자주,

또는 지나치게 많은 물을 주지 않도록 한다. 표면의 흙이 말랐을 때 화분 바닥의 구멍에 물이 흘러나올 정도로 물을 준다.

- **봄, 가을의 물 주기** : 봄부터 초여름까지 생육이 왕성하므로, 충분히 물을 준다. 가을이 되어 기온이 낮아지면 물 주는 횟수를 줄여간다.
- **여름의 물 주기** : 가능한 아침 일찍 물을 준다. 건조가 심하므로, 햇빛이 강한 경우 발 등을 이용하여 빛을 가려준다.
- **겨울의 물 주기** : 겨울에는 어느 정도 건조한 상태를 유지하며 말라 죽지 않도록 가끔 물을 준다. 얼지 않도록 조심해서 온도가 높은 따뜻한 날 오전 중에 물을 준다.

비료관리

허브는 다른 작물에 비해 비료 요구도가 높지 않다. 옮겨 심을 때 상토에 적량의 비료를 섞어 주거나, 비료가 포함된 상토를 이용하며 이후 추가로 주지 않아도 된다. 특히 병충해로 약해져 있을 때는 비료를 주어선 안 된다. 라벤더나 로즈마리는 대부분 비료를 필요로 하지 않는다. 바질, 차이브, 카모마일 등은 한 달에 한두 번 정도 액비를 주면 생장이 촉진된다.

수확하기

- **일년생 허브** : 재배 기간에 2번 정도 수확할 수 있다. 토양에서 10~15cm 이내에서 자르고, 수확 후에는 액비를 준다. 너무 낮은

위치에서 수확하면 생장이 느려져 다음 수확이 늦어질 수 있다.
- **다년생 허브** : 심은 첫해에는 한 번 정도, 이듬해부터는 일 년에 2~3회 정도 수확이 가능하다. 가능하면 목질화된 부분까지는 수확하지 않는다.
- 꽃이나 종자도 수확하여 이용할 수 있다.

건조·저장하기

- 따뜻하고, 어둡고 환기가 잘 되는 곳에서 건조해야 향이나 색이 잘 보존된다. 온도는 21~33℃ 정도가 좋다. 한 번에 말리기보다는 항상 각각 분리하여 말리는 것이 좋다. 바구니 등을 활용하여 허브를 펼쳐 말린다. 처음 2일 정도는 손으로 몇 번 뒤집어 준다.
- 건조에 걸리는 시간은 허브의 종류에 따라 다르다. 만약 완전히 건조하기 전에 저장을 하면 부패할 수 있다.

TIP 전자레인지를 이용한 건조

전자레인지를 이용하여 건조할 수도 있다. 로즈마리와 타임은 약 1분, 민트는 약 3분 정도 걸려 건조할 수 있다. 건조가 되는 동안 전자레인지에 작은 물 한 컵을 넣어두면 부드럽게 건조되고, 세이지와 같은 허브에 불이 붙는 것을 막을 수 있다.
- 냉동 보존 : 깨끗이 씻어 물기를 말린 허브를 냉동 보관할 수 있다. 딜, 파, 파슬리, 휀넬 등에 효과적.

꿀풀과

01

라벤더

학 명 *Lavandula officinalis*
원 산 지 지중해 연안, 프랑스 남부

라벤더라는 이름은 라틴어의 'lavo' 또는 'lavare(목욕하다)'에서 유래하였다고 한다. 키가 90cm까지 자라며, 나무 전체에서 라벤더향을 내며 흰색의 아주 작은 털이 덮여 있어 약간 흰색을 띤다. 잎은 길이 2~4cm의 침 모양이고 가늘다. 잎 윗면은 털이 있고 뒷면은 평평하고 잔털이 나 있다. 상록성이며 밑가지는 다소 목질화되어 있다. 정신안정 및 불안해소, 스트레스 해소에 도움이 되는 것으로 알려져 있다.

라벤더 키우기

14day

21day

28day

4~5 개월 후

재 배 포 인 트

- **키우는 장소** 햇빛이 잘 들고 바람이 잘 통하는 곳. 고온 다습에 약함.
- **내한(耐寒)성** 약하다 / 월동 OK(볏짚이나 낙엽 등으로 보온 필요)
- **파종 & 심는 시기** 3월 파종, 4월 말~5월 초 아주 심기
- **꽃피는 시기 & 꽃색** 봄~초여름 / 자색, 백색 등
- **이용부위** 꽃, 잎 (요리, 차, 아로마욕, 염색)

| 허브 | 기타 |

꿀풀과

02

로즈마리

학 명 *Rosmarinus officinalis*
원산지 지중해 연안

학명 'Rosmarinus'는 라틴어로 '바다의 이슬'이라는 뜻을 가지며 예로부터 유럽에서 다양하게 활용되어 왔다. 키가 150cm 이상 자라며, 잎에서는 상쾌한 향기가 난다. 꽃은 5~7월에 연한 청색, 분홍색, 흰색으로 핀다. 상쾌한 쓴맛이 특징이다. 방향성이 강해서 살충제나 향료로 쓰인다. 고기냄새를 없애는 데 사용하면 효과적이다. 뇌신경 자극, 기억력 증진, 정신력 집중, 신경 안정, 스트레스 해소 등에 효과가 있는 것으로 알려져 있다.

로즈마리 키우기

14day

21day

재 배 포 인 트

- **키우는 장소** 햇빛이 잘 들고 바람이 잘 통하는 곳, 다습에 약함.
- **내한(耐寒)성** 있다 / 월동 OK
- **파종 시기** 4월~5월 상순, 9월 삽목 또는 씨뿌리기
- **꽃피는 시기 & 꽃색** 봄~여름 / 연한 보라색, 하늘색, 백색 등
- **이용부위** 꽃, 잎 (요리, 차, 아로마욕, 염색)

허브 / 기타

배추과

03

로켓 샐러드 (루콜라)

학   명 *Eruca sativa*
원 산 지 지중해 연안

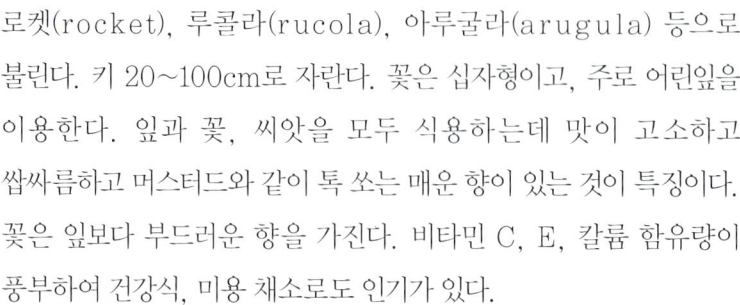

로켓(rocket), 루콜라(rucola), 아루굴라(arugula) 등으로 불린다. 키 20~100cm로 자란다. 꽃은 십자형이고, 주로 어린잎을 이용한다. 잎과 꽃, 씨앗을 모두 식용하는데 맛이 고소하고 쌉싸름하고 머스터드와 같이 톡 쏘는 매운 향이 있는 것이 특징이다. 꽃은 잎보다 부드러운 향을 가진다. 비타민 C, E, 칼륨 함유량이 풍부하여 건강식, 미용 채소로도 인기가 있다.

로켓 샐러드 키우기

14day

21day

28day

재 배 포 인 트

- **키우는 장소** 햇빛이 잘 들고 바람이 잘 통하는 곳, 고온 다습에 약함.
- **내한(耐寒)성** 약하다 / 월동 OK(볏짚이나 낙엽 등으로 보온 필요)
- **파종 & 심는 시기** 3월 파종, 4월 말~5월 초 아주 심기
- **꽃피는 시기 & 꽃색** 봄~초여름 / 자색, 백색 등
- **이용부위** 꽃, 잎 (요리, 차, 아로마욕, 염색)

허브 / 기타

꿀풀과

04

스위트 바질

학 명 *Ocimum basilicum*
원산지 열대 아시아

그리스어로 Basilicum은 '왕'을 뜻하는 Balilicosm에서 유래되었고, 그리스에서는 이 허브를 약으로 사용했다고 한다. 키 20~70cm이며, 꽃은 여름에 원줄기의 윗부분에서 이삭 형태로 층층이 달리지만 돌려나고 자줏빛을 띤 흰색이다. 주로 어린잎을 적기에 따내어 사용하는데며 엷은 신맛을 낸다. 토마토 페이스트, 스파게티 소스, 계란요리 등의 맛을 돋우는데 사용된다. 약리효능이 탁월하며, 두통, 편두통, 천식, 소화불량 등에 효과적이며, 벌레 물린데 등에 살균작용을 갖는다고 한다.

스위트 바질 키우기

14day

21day

28day

재 배 포 인 트

- **키우는 장소** 햇빛이 잘 들고 바람이 잘 통하는 곳, 건조에 약함.
- **내한(耐寒)성** 없다
- **파종 & 심는 시기** 4~5월 파종, 6월 아주 심기
- **꽃피는 시기 & 꽃색** 초여름~가을 / 적자색, 백색 등
- **이용부위** 꽃, 잎 (요리, 차)

미나리과

05

삼엽채 <small>(三葉菜, 파드득나물)</small>

학　명 *Cryptotaenia japonica*
원산지 한국, 일본, 중국

줄기 하나에 3개의 잎이 달려 있어 삼엽채라 불린다. 줄기에 독특한 향이 있다. 파종 후 발아까지 약 20일이 소요된다. 키 40cm, 뿌리 위에 잎이 다발로 나며, 6~8월에 꽃잎 5매의 하얀 작은 꽃이 핀다. 줄기 아랫부분을 잘라주면, 다시 새로운 싹이 자라 여러 번 수확이 가능하다. 베타카로틴과 미네랄 함량이 풍부하며, 맛이 부드럽고 연하다. 특유의 향으로 육류 요리와 잘 어울려 서로 부족한 영양을 보충해 준다.

삼엽채 키우기

14day

21day

28day

35day

재 배 포 인 트

- **키우는 장소** 반음지의 바람이 잘 통하는 곳, 고온 건조에 약함
- **내한(耐寒)성** 있다 / 월동 OK
- **파종 & 심는 시기** 4월~9월, 포기나누기 또는 씨뿌리기
- **꽃피는 시기 & 꽃색** 여름 / 흰색, 연자주색
- **이용부위** 어린잎, 줄기 (요리)

허브 | 기타

 꿀풀과

06 세이지

학 명 *Salvia officinalis*
원 산 지 유럽 남부

세이지는 약용 살비아라고도 한다. 세이지는 Common Sage, Garden Sage라고도 하며 흔히 Salvia라는 이름으로도 불린다. 줄기는 사각형으로 밑부분이 거의 목질화되며, 높이 30~90cm이고 전체에서 향기가 난다. 잎은 마주나고 잎자루가 짧으며 긴 타원형으로 끝이 둔하고 가장자리가 밋밋하다. 쑥과 같은 신선감이 강한 방향을 가지고 있다. 맛은 떫은맛이나 매운맛을 느끼지만, 전체적으로 상쾌한 쓴맛이 있다. 세이지의 향기는 돼지고기, 닭고기의 냄새 제거에 효과적이다. 일반적으로 소스 믹스, 샐러드드레싱, 피클 등에는 세이지 단독보다도 다른 향신료와 함께 사용하면 좋은 효과가 얻어진다. 혈행을 촉진하고 스트레스를 완화하는 효과가 있는 것으로 알려져 있다.

세이지 키우기

14day

21day

28day

재 배 포 인 트

- **키우는 장소** 햇빛이 잘 들고 바람이 잘 드는 곳. 건조에 주의.
- **내한(耐寒)성** 있다 / 월동 OK. 꽃이 다 지면 지상부 제거
- **꽃피는 시기 & 꽃색** 초여름~가을 / 자색, 백색 등
- **이용부위** 잎 (요리, 차, 아로마욕)

꿀풀과

07

오레가노

학　명 *Origanum vulgare*
원 산 지 지중해 동부, 유럽 중남부

향긋한 향과 작고 둥근 잎이 매력적인 허브이다. 오레가노라는 이름은 그리스어에서 유래한 "산의 기쁨"이라는 의미가 있다. 오레가노가 지중해 지방 산에서 나와서 이 이름이 붙여졌다. 향미는 마조람과 거의 비슷하지만 마조람보다도 더 강하고 달콤한 향과 섬세함이 적다. 꿀풀과의 향신료가 갖고 있는 냄새 제거 작용이 있다. 그 때문에 세이지나 타임 등과 함께 우스타 소스, 토마토케첩 등의 주요 구성성분으로 쓰인다. 특히 바질처럼 이탈리아 요리에서는 일반적으로 쓰고, 토마토케첩이나 토마토를 쓴 요리에 잘 넣는다. 피자나 스파게티 소스, 토마토주스 등 토마토 요리에 주로 어울린다. 그 외 샐러드드레싱이나 오므라이스 등에 상쾌한 향을 줄 때도 좋으며, 닭고기 조리 시 냄새 제거를 위해 약간 뿌려 조리해도 좋다. 잎과 줄기를 함께 수확하여 통풍이 잘되는 곳에서 말려 사용한다.

오레가노 키우기

14day

21day

28day

재 배 포 인 트

- **키우는 장소** 햇빛이 잘 들고 바람이 잘 통하는 곳, 건조하게 키운다.
- **내한(耐寒)성** 있다 / 월동 OK
- **파종 시기** 4월~6월, 9월~10월, 삽목, 포기나누기 또는 씨뿌리기
- **꽃피는 시기 & 꽃색** 초여름 / 흰색, 분홍, 연보라색
- **이용부위** 줄기, 잎 (요리, 차)

백합과

08 챠이브

학 명 *Allium schoenoprasum*
원 산 지 유럽~시베리아

키 20~30cm로 매우 작으며, 생김새는 작은 파와 같다. 잎도 매우 가늘다. 20cm 정도 자라면 밑동에서 4~5cm 정도를 남기고 수확한다. 꽃을 이용하고 싶을 때는 포기를 정해서 남긴다. 6월부터 분홍색·보라색·자주색의 작고 귀여운 꽃이 반원형에 가깝게 핀다. 꽃이 피면 잎이 딱딱해지고 풍미가 떨어진다. 햇빛이 비추는 곳에서 잘 자라지만 반그늘에서도 자란다. 봄과 가을에 5~6본씩 나누어 포기나누기로 번식시킨다. 고기요리·생선요리·조개·수프 등 각종 요리의 향신료로 사용되는데, 톡 쏘는 향긋한 냄새가 식욕을 증진시키는 효과가 있다. 이 밖에도 염색, 드라이플라워 등으로 이용한다. 약용하기도 하는데 식욕증진, 혈압강하, 빈혈예방, 변비해소 등의 효과가 있는 것으로 알려져 있다.

챠이브 키우기

14day

21day

28day

35day

재 배 포 인 트

- **키우는 장소** 햇빛이 잘 들고 바람이 잘 통하는 곳, 건조에 약함.
- **내한(耐寒)성** 강하다 / 월동 OK
- **파종 & 심는 시기** 4월, 9월 중순 ~ 10월 포기나누기 또는 씨뿌리기
- **꽃피는 시기 & 꽃색** 여름 / 분홍, 보라색 등
- **이용부위** 꽃, 잎 (요리, 에센셜 오일)

미나리과

09 파슬리

학　　명 *Petroselinum crispum*
원 산 지 지중해 연안

로마시대부터 약용과 향신용으로 쓰여 왔다. 줄기 전체에 털이 없고 특유의 향기가 있다. 키 30~60cm로 줄기에는 골이 있으며 많은 가지가 분지되어 있다. 파종 후 발아까지 2~3주가 소요된다. 파슬리는 2가지 변종이 있는데 하나는 잎만 이용하는 파슬리와 다른 하나는 뿌리를 이용하는 파슬리이다. 잎을 이용하는 파슬리에는 곱슬곱슬한 파슬리(curly parsley), 편평한 잎 파슬리(flat leaf parsley), 이탈리아 파슬리(Italian parsley)가 있다. 비타민 A, B, C, 철분, 칼슘, 마그네슘이 풍부하고 영양가도 높아 건강식품으로도 우수하며, 건위나 해열 및 이뇨에도 효과가 있는 것으로 알려져 있다. 잎의 이용은 생체 또는 건조한 상태로 샐러드나 수프에 넣어 이용하고 소스에도 섞어 이용한다.

파슬리 키우기

재배 포인트

- **키우는 장소** 햇빛이 잘 들고 바람이 잘 통하는 곳 고온, 건조에 약함.
- **내한(耐寒)성** 있다 / 월동 OK
- **파종 & 심는 시기** 3월 중순 파종(연중), 6월 아주 심기
- **꽃피는 시기 & 꽃색** 여름 / 황색~황록색
- **이용부위** 잎 (요리)

고수

| 학 명 | *Coriandrum sativum* |
| 원산지 | 지중해 동부 |

미나리과 일년생 허브이다. 높이 30~60cm이다. 식물체 전체에 털이 없고, 줄기는 곧고 가늘며 속이 비어 있고 가지가 약간 갈라진다. 잎과 줄기에 독특한 향이 있다. 유럽에서는 소스를 만드는데 향료로 쓰며, 태국, 인도, 베트남 요리 등 아시아 요리 전반에 걸쳐 이용되고 있다. 줄기와 잎을 고수강회·고수김치·고수쌈 등으로 먹는다. 다른 향신료와 같이 산화를 억제하여 요리의 변질을 막는 역할을 한다. 항균효과가 있으며, 불안과 불만을 완화하는 것으로 알려져 있다.

고수 키우기

14day

21day

28day

솎아주기

재배 포인트

- **키우는 장소** 해가 잘 들고, 물이 잘 빠지는 곳.
- **내한(耐寒)성** 있다
- **파종 & 심는 시기** 씨뿌리기 / 3~4월, 9~10월
- **꽃피는 시기 & 꽃색** 6~7월 / 흰색, 분홍색.
- **이용부위** 줄기, 잎, 열매

국화과

01 고들빼기

학 명 *Crepidiastrum sonchifolium*
원산지 한국·중국

잎은 길쭉한 타원형 내지 주걱 꼴로 가장자리에는 고르지 않은 톱니가 있거나 또는 밋밋한 형태를 갖기도 한다. 잎 맨 아랫부분은 줄기를 감싸는 모양이 귀처럼 보이는 매우 독특한 생김새를 갖고 있다. 뿌리는 굵기가 1~2cm, 길이는 10~20cm 정도로 자라는데 주로 이 부분을 잎과 함께 나물로 이용한다. 우리나라에서는 어디에서나 쉽게 찾아볼 수 있는데 주로 양지바른 들이나 밭 가에서 많이 자란다. 주성분은 이눌린(Inulin)으로 매우 떫고 쓴맛을 갖고 있는데 바로 이 맛 때문에 나물로 애용되고 있다. 예로부터 고들빼기는 이른봄에 입맛이 없을 때 입맛을 돋우기 위한 식품으로 이용되었는데 나물로 가치도 높지만 한약명으로는 고채(苦菜), 황과채(黃瓜菜), 활혈초(活血草)라고 하여 해열, 건위, 조혈, 소화불량, 폐렴, 간염, 타박상, 종기 등의 치료제로 쓰이며 산성체질을 개선하는데도 효과가 있다고 하는 등 다양한 약효를 지닌 건강식품으로 알려져 있다. 데친 후 양념에 무쳐서 먹거나 가을에는 고들빼기김치를 담가 먹기도 한다.

고들빼기 키우기

14day

21day

28day

솎아주기

재 배 포 인 트

- **키우는 장소** 조금 약한 광선하에서 잘 자람. 척박한 토양에서도 잘 자람.
- **내한(耐寒)성** 있다 / 월동 OK(뿌리 월동)
- **파종 & 심는 시기** 7월 하순~8월 중순(잎 이용 시 수시 파종)
- **꽃피는 시기 & 꽃색** 5~6월 / 황색
- **이용부위** 식물체 전체(나물, 김치 등)

국화과

02 곤드레

학　　명　*Cirsium setidens*
원 산 지　동아시아, 지중해 연안, 북미 남서부

고려엉겅퀴라고도 부른다. 엉겅퀴의 일종으로 다른 엉겅퀴들이 식용 뿐만 아니라 약용으로 사용되고 있는 반면, 고려엉겅퀴는 식용으로만 이용되고 있다. 어린잎과 줄기를 식용하는데, 데쳐 우려낸 다음 묵나물, 국거리, 볶음으로 요리하며, 과거에는 구황식물로 이용되었던 유용한 산채이다. 빈궁기에는 곤드레밥이라 하여 주곡의 증체를 목적으로 이용되기도 하였으며, 해장국에 이용하기도 한다. 지금도 강원도 일대에서는 최고의 나물로 친다. 다른 산채들은 주로 봄철에 잎이나 줄기가 연할 때 채취하여 식용하는 반면 곤드레는 5~6월까지도 잎이나 줄기가 연한 것이 특징이다. 단백질, 칼슘, 비타민 A 등 영양이 풍부하다.

곤드레 키우기

14day

28day

2-3달

곤드레꽃

재 배 포 인 트

- **키우는 장소** 비교적 서늘하며 비옥한 곳.
- **내한(耐寒)성** 있다 / 월동 OK
- **파종 & 심는 시기** 씨뿌리기 / 4~5월
- **꽃피는 시기 & 꽃색** 7~10월 / 보라색
- **이용부위** 어린잎, 줄기

국화과

씀바귀

학　명　*Ixeris dentata*
원산지　아시아

국화과에 속하는 여러해살이 식물로, 쓴나물(고채, 苦菜)·씀배나물·싸랑뿌리라고도 한다. 전국 산과 들에서 흔히 자란다. 키는 25~50cm 정도 자라며, 줄기는 가늘고 위에서 가지가 갈라지며 자르면 쓴맛이 나는 흰 즙이 나온다. 뿌리에서 나오는 잎은 로제트(rosette)처럼 달리며, 로제트 잎 사이에서 줄기가 나와 2~3장의 잎이 달린다. 뿌리에서 나온 잎은 끝이 뾰족하고 잎 가장자리에 톱니가 있거나 결각이 약간 있다. 줄기에 붙은 잎은 긴 타원형으로 끝이 뾰족하고 밑부분이 줄기를 감싸고 붙어 있다. 쓴맛이 있으나 이른봄에 뿌리와 어린순을 나물로 먹고 성숙한 것은 진정제로 쓴다. 주성분은 다당류인 리눌린(linulin)이며, 칼슘, 철, 비타민 등이 함유되어 있다. 항암효과와 콜레스테롤 저하기능이 있는 것으로 알려져 있다.

씀바귀 키우기

10-14 day

21-30 day

재 배 포 인 트

- **키우는 장소** 햇빛이 잘 들고 비옥한 토양, 고온 다습에 약함.
- **내한(耐寒)성** 있다 / 월동 OK
- **파종 & 심는 시기** 씨뿌리기, 줄기 번식 / 7월
- **꽃피는 시기 & 꽃색** 5~7월 / 노란색
- **이용부위** 뿌리, 어린잎

허브 · 기타

번행초과

아이스 플랜트

학　명　*Mesembryanthemum crystallinum*
원산지　유럽, 서아시아, 아프리카

표피에 염(鹽)을 격리하기 위한 물방울 같은 세포(염낭세포(鹽囊細胞), bladder cell)가 있어, 잎 표면에 얼음 알갱이가 붙어 있는 것처럼 보이는 데서 이름이 유래하였다. 건조에 강하고, 내염성(耐鹽性)이 강한 염생식물(鹽生植物)이다. 바닷물 정도의 염화나트륨 수용액(소금물)에서도 수경재배가 가능하다. 프랑스나 일본에서 요리 재료로 주목받고 있으며, 짠맛이 나는 새로운 채소로 소개되고 있다. 칼슘 및 피로회복에 효과에 있는 사과산·구연산, 혈당 강하에 효과가 있는 피니톨(pinitol) 등이 포함되어 있는 것으로 보고되고 있다.

아이스 플랜트 키우기

1-2달

3-4달

5-6달

재 배 포 인 트

- **키우는 장소** 햇빛이 잘 들고 바람이 잘 통하는 곳, 고온, 건조에 강함
- **파종 & 심는 시기** 3월 중순 파종(연중), 6월 아주 심기
- **꽃피는 시기 & 꽃색** 여름/흰색
- **이용부위** 잎(요리)

허브　기타

미나리과

05

당근

학　　명 *Daucus carota* L.
원 산 지 중동 아프가니스탄

키는 1m까지 자란다. 이식할 경우 당근 뿌리가 갈라지는 가랑이 당근이 생긴다. 봄에 너무 일찍 파종할 경우는 꽃대가 올라와서 당근을 수확할 수 없으므로 주의하여야 한다. 맛이 달아 나물·김치·샐러드 및 서양 요리에 많이 이용한다. 베타카로틴이 많이 포함되어 있어 몸속에서 프로비타민 A로 바꾸어 시력을 보호하고 야맹증을 예방 및 피부를 매끄럽게 한다. 강한 항산화 성분으로 항암 효과가 있는 것으로 알려져 있다.

당근 키우기

14day

21day

28day

35day

재 배 포 인 트

- **키우는 장소** 햇빛이 잘 들고 바람이 잘 통하는 곳, 고온에 약함
- **파종 시기** 3월 ~ 8월 파종
- **꽃피는 시기 & 꽃색** 여름 / 흰색
- **이용부위** 뿌리 (요리)

허브 키우기
Q&A

Q. 키우는 허브가 너무 무성하게 자라는데 어떻게 해야 하나요?

A. 수확을 겸해서 잎과 줄기를 잘라준다. 특히 장마철에 접어들기 전에 무성한 줄기와 잎을 솎아주면 통풍이 좋아져 뿌리가 썩는 것을 막는다. 마른 잎이나 줄기를 제거하고 좀 더 큰 용기로 옮겨주면 뿌리 썩음을 방지하는 데 도움이 된다.

Q. 장마철에 허브 관리 방법은?

A. 장마철에는 고온 다습하고 햇빛이 부족하기 때문에 허브 뿌리가 썩어 죽어버리기 쉽다. 잎이나 줄기를 정리하거나, 화분과 화분 사이의 간격을 넓혀주는 등 가능한 통풍과 채광을 좋게 하도록 한다. 로즈마리, 라벤더, 타임과 같은 허브는 다소 건조한 환경을 좋아하기 때문에, 비를 맞지 않는 장소로 옮겨두고 관수 간격을 넓혀 주는 것이 좋다.

Q. 여름철에 허브 화분을 베란다에 내놓아도 되는지?

A. 허브는 태양빛을 좋아하지만, 한여름의 직사광선은 피하는 것이 좋다. 잎이 타거나 지나치게 건조하여 말라버릴 수 있기 때문이다. 따라서 베란다에 내어 놓을 때는 통풍이 좋고 선선한 환경이 될 수 있도록 차광막이나 발 등을 이용하도록

한다. 화분 밑에 망이나 벽돌 등을 받쳐 통기성을 좋게 하고, 직사광선이나 서향빛은 피하도록 한다. 한낮에 물 주기는 피하고 아침이나 저녁과 같이 가급적 선선한 때에 주도록 한다. 또 실내 창가도 고온 다습이나 직사광선에 의한 피해가 생길 수 있으므로 커튼을 쳐 주는 등 대책이 필요하다. 여름에 강한 허브를 선택하는 것도 한 방법이다.

- **직사광선에 약한 허브** : 한련화, 파슬리, 레몬밤, 챠빌, 산토리나 등
- **건조에 주의해야 하는 허브** : 챠이브, 챠빌, 딜, 휀넬 등
- **여름에 강한 허브** : 오레가노, 코리안더, 민트, 레몬그래스, 로즈마리 등

Q. 겨울철 허브 관리는 어떻게 해야 하나요?

A. 제라늄, 바질, 유카리, 레몬그래스 등은 실내에서 월동을 하는 것이 좋다. 실외에서 월동이 가능한 허브라도, 겨울철 찬바람 등이 직접 닿지 않는 곳으로 옮기든지 발이나 비닐봉지 등을 덮어준다. 추위가 심한 날에는 얼지 않도록 실내로 들여놓도록 하고, 가능한 빛이 잘 드는 따뜻한 곳에 두도록 한다. 물은 가능한 따뜻한 오전에 주도록 한다.

- **실외에서도 월동이 가능한 허브** : 코리안더, 마조람, 스테비아, 타임 등
- **추위에 강한 허브** : 오레가노, 세이지, 차이브, 민트, 라벤더, 레몬밤 등

Q. 아침, 저녁으로 물을 충분히 주는데, 허브가 잘 자라지 않아요...

A. 물을 매일 줄 필요는 없다. 허브 중에는 민트나 레몬그래스와 같이 다습한 것을 좋아하는 것도 있지만, 대부분 허브 재배 시에는 물 빠짐이 좋은 흙을 사용하고, 지나치게 자주 또는 많은 물을 주어서는 안 된다. 물이 너무 많으면 향이 덜해지고, 뿌리가 썩을 우려가 있다. 흙 표면이 어느 정도 말랐을 때 용기 바닥 구멍에 물이 흐를 정도로 충분히 주도록 한다.

Q. 새로 분갈이를 하고 바람이 잘 통하는 창가에 두고 전처럼 물 관리를 했는데, 전과 달리 상토가 계속 젖어 있고 식물체 아래 잎부터 노랗게 변해요…

A. 물 주는 간격은 계절, 날씨, 용기의 재질, 크기, 흙(상토)의 조성, 식물체의 크기나 상태에 따라 달리 조절되어야 한다. 어떤 화분은 하루 만에 물이 마르는 반면, 다른 화분은 며칠이 가도 마르지 않을 수 있다. 흙의 물 빠짐이나 흙의 건조도를 확인해보고, 표면의 흙이 마른 다음에 물을 주도록 한다.

Q. 햇빛이 잘 드는 창가에 둔 작은 화분의 허브가 물을 주지 않아 바짝 말랐는데 살 수 있을까요?

A. 화단과 같은 노지(露地)에 심어진 허브는 땅속에 뿌리를 뻗고 있기 때문에 직사광선이나 고온에 노출되어도 뿌리까지 피해를 받거나 말라버릴 가능성은 낮지만, 화분과 같은 용기에 심겨진 식물체는 고온에 의해 화분 속의 뿌리까지 익어버리거나, 말라서 죽어버릴 수 있다. 특히 용기 크기가 작을수록 외부 온도나 물 관리의 영향을 받기 쉽기 때문에 관리에 주의를 기울여야 한다. 노지 식물은 뿌리가 땅속 깊이 뻗어 있어 겨울에도 잘 얼지 않지만, 화분과 같은 용기에 심어진 허브는 얼어버리는 것도 같은 이유이다.

Q. 허브에 비료는 어떻게 주어야 하나요?

A. 다른 식물에 비해 허브는 그다지 많은 양분을 필요로 하지 않는다. 옮겨 심을 때 흙이나 상토를 필요한 비료를 섞어서 넣어주면 추가로 넣어줄 필요는 없다. 특히 병충해로 약해져 있을 때는 비료를 주어서는 안 된다. 라벤더나 로즈마리는 비료를 거의 필요로 하지 않으며, 카모마일, 차이브, 바질 등은 한 달에 1~2회 정도 액비를 주면 생장이 촉진된다.

Q. 허브 종자를 이용하여 키워도 되나요?

A. 대부분 허브는 꺾꽂이(삽목) 방법을 이용하여 번식하거나, 포기나누기(분주),

휘묻이 등의 방법으로 번식한다. 종자를 이용하는 방법 역시 가능하지만, 발아하는데 많은 시간이 걸리거나 발아율이 낮은 경우가 있으며, 로즈마리의 경우 파종 후 개화까지 4년이 걸린다. 따라서 초보자라면 허브묘를 구하여 키우는 것이 좋다.

- **꺾꽂이 :** 로즈마리, 바실, 민트, 세이지, 라벤더 등
- **포기나누기 :** 민트, 차이브, 레몬밤, 마조람 등
- **휘묻이 :** 로즈마리, 세이지 등

Q. 허브에 벌레가 생겼는데 어떻게 해야 하나요?

A. 허브는 살충, 방충의 효과가 있어 해충이 그다지 많이 발생하는 편이 아니나, 관리를 잘못하거나 주위 환경이 좋지 않을 경우 빈번하게 발생하기도 한다. 허브에 해충이 생기면 핀셋 등을 이용하여 즉시 제거하거나, 물로 씻어낸다. 발생량이 많으면 원예용품점 등에서 판매하는 전용 약제를 이용하도록 한다.

Q. 로즈마리 화분을 사서 실내에 두었는데, 며칠 뒤 잎이 모두 떨어지고 말라 죽어버렸어요...

A. 판매하는 허브는 전문 농가의 최적 조건에서 재배하던 것이다. 햇빛을 잘 받던 실외에 있다가 갑자기 빛이 약한 실내에 두게 되면 갑작스러운 환경변화로 인해 낙엽이 지거나 죽어버릴 수 있다. 따라서 환경을 바꿀 때는 1주일 정도의 적응 기간을 두어 처음에는 빛이 잘 드는 곳에 두었다가 서서히 실내 환경에 적응시키도록 한다. 실내에서 실외로 옮길 때에도 마찬가지이다.

Q. 파슬리 종자를 심었는데 일주일이 넘어도 싹이 안 나오는데요...

A. 파슬리, 당근 등의 미나리과 종자는 발아하는데 약 10일 가까이 소요된다. 1~2주간 기다려 보고, 그래도 안 나오면 환경관리나 종자에 문제가 있는지 확인해 본다.

용어

과습(過濕) 식물에 습기, 수분을 너무 많이 준 상태

광발아종자(光發芽種子, light germinating seed) 빛에 의해 발아가 유도되는 종자.

꺾꽂이(삽목, 揷木, cutting) 식물의 영양기관의 일부를 모체(母體)로부터 분리시켜 흙 또는 모래에 꽂아 발근, 발아시켜 독립의 식물체로 하는 영양번식법으로 근삽(根揷), 지삽(枝揷), 엽삽(葉揷)의 3종류가 있음.

내염성(耐鹽性, salinity tolerance) 작물이 소금기(鹽)에 잘 견디어 내는 성질 또는 그 정도.

내한성(耐寒性, cold hardness) ① 월동식물이 겨울철에 한랭에 견디어 상해(傷害)를 받지 않거나, 받아도 피해가 경미한 성질을 말함. 내한성에는 체내 수분감소에 의하여 동결을 회피하는 것과 동결하여도 잘 견디는 것(내동성) 등 두 종류가 있음. ② 추위에 견디는 능력을 말하며, 추운 환경에 많이 노출됨으로 인해 추위에 대응하는 체온조절기능이 향상되어 얻게 됨.

노지(露地, open field) ① 지붕이 안 덮여 있는 땅. ② 바깥 자연조건을 말함.

녹화(綠化, greening) 어두운 곳에서 생육한 황화(黃化)경엽(莖葉)에 빛이 조사되었을 때에 일어나는 녹색화 현상

다년생(多年生, perennation) 여러해살이, 여러 해 동안 생존

도장(徒長, over growth) 식물생장에서 가로방향보다는 신장생장이 우세한 것.

로제트(rosette) 땅 위에 붙어 방사상으로 나는 잎, 또는 잎이 그러한 모양으로 나는 식물.

떡잎(cotyledon) 씨앗에서 처음부터 싹이 터서 나오는 잎. 자엽(子葉).

발아(發芽, germination) 씨눈으로부터 싹이 트는 것. 씨앗이 활동을 시작하여 새 식물체가 껍질을 찢고 나오는 현상.

발아율(發芽率, germination percentage) 파종 수에 대한 발아한 종자 수의 비율을 나타냄.

배축(胚軸, hypocotyledonary axis) 고등 식물의 배(胚)에서 중심축을 이루고 있는 부분. 자라서 줄기가 되는데, 위쪽은 떡잎과 어린싹이 되며 아래쪽은 어린뿌리가 됨.
본잎(normal leaf) 초엽 또는 떡잎 뒤에 나오는 정상엽. 잎.
살균제(殺菌制, fungicide) 미생물을 죽이거나 증식을 억제하는 효과가 있는 약물. 생활기능을 전반적으로 파괴하는 소독제, 특정 미생물군을 선택적으로 죽이는 항생물질, 지속적으로 미생물의 발육을 억제하는 방부제 등을 총칭.
상토(床土, media) 모판흙. 화분에 사용하는 흙(토양).
솎아주기 실한 식물을 가꾸기 위해서 실하지 않은 식물을 솎아 내는 일.
싹 채소(vegetable sprout) '싹기름 채소', '새싹 채소'라고 한다. 특정 채소를 일컫는 것이 아니라 각종 채소 또는 곡물의 종자의 싹을 틔워 얻어진 어린 떡잎이나 잎 또는 줄기를 수확하여 신선한 상태로 이용하는 것을 총칭한다. 보통은 종자에서 싹이 나온 후 본잎이 1~3매 정도가 나올 때까지의 어린 채소를 의미.
암발아 종자(暗發芽 種子, dark germinating seed) 암(暗) 조건에서 잘 발아하고, 빛을 쬐면 발아가 저해되는 종자.
염생식물(鹽生植物, halophyte) 바다, 해안, 간척지 등 염분이 많은 곳에서 생육하는 식물로서 세포 속에 식염을 포함하며 물을 잘 흡수하는 특성이 있음.
액비(液肥, liquid fertilizer) 액체상태의 비료를 통틀어서 말하며 간단히 액비라고 하며, 이것은 고체상태의 비료와 달리 액체상태로 사용하는 비료인데 원제는 액상이거나 분말상으로 되어 있음. 분말상의 원제는 물에 녹여서 사용하고 액상의 원제는 물로 적당한 농도까지 희석하여 사용함. 이 비료 역시 그 용도에 따라 토양용, 수경재배용 및 엽면살포용으로 나뉨.
어린잎 채소(baby leaf vegetable) 보통 종자를 파종하여 약 30일 정도 자라 본엽이 3~5매 정도 전개되고 잎 길이가 10cm 이내일 때 수확하는 잎을 가리킴.
이년생(二年生, biennial) 제1년차에는 영양생장을 하고, 제2년차에는 생식생장을 하여 2년간에 일생을 마치는 것
일년생(一年生, annual) 생활사, 즉 발아에서 개화, 결실, 종자형성, 죽기까지의 과정을 1계절에 완결하는 식물
육묘(育苗, growing seedling) 종자나 영양체로 파종 또는 기타 방법에 의하여 일정 기간 동안 정식하기에 가장 적합한 양질의 묘를 키우는 과정.
종자(種子, seed) 씨. 식물의 수정된 밑씨가 발육한 것으로 장래 하나의 완성된 식물체로 발육할 기본체를 말하는데, 종자의 크기에 따라 대립종자, 중립종자, 소립종자, 세립종자로 구분함.
추비(追肥, additional fertilizer) 거름(기비) 이외에 작물의 생육상태에 맞춰 사용하는 비료. 웃거름.

파이토케미컬(phytochemicals) 식물화학물질. 식물체에서 유래된 물질로서 일반적으로 영양소로 작용하지는 않으나 생리활성을 나타내는 화합물.

파종(播種, seeding) 종자를 땅속에 뿌리는 것.

포기나누기(분주, 分株, dividing) 식물 증식방법의 하나로 포기를 갈라 새로운 개체로 나누는 것.

폴리페놀(polyphenol) 하이드록시기를 2개 이상 갖고 있는 물질로, 녹차에 들어 있는 카테킨류가 대표적인 폴리페놀 화합물. 항산화 기능이 잘 알려져 있어 식품이나 의료 등에 응용되고 있음. 딸기나 가지, 포도, 검은콩, 팥 따위 붉은색이나 자색의 안토시아닌계 색소 등은 모두 폴리페놀 화합물임. 이 밖에도 폴리페놀화합물은 야채나 과일, 카카오, 적포도주 등 여러 가지에 포함되어 있음.

휘묻이(취목, bend layering) 살아 있는 나뭇가지의 한끝을 휘어 땅속에 묻어서 뿌리가 내린 뒤에 그 가지를 잘라서 새로운 한 개체를 만듦.

용어 출처
농촌진흥청 농업과학도서관 디지털농업용어사전

참고자료
네이버 백과사전
표준영농교본「산채류 재배」(농촌진흥청, 1999)
「가정에서 새싹채소 키우기」(농촌진흥청, 2010)
「허브가 뭐야?」(예가, 2003)
「今日からはじめましょう！おうちでカップ野菜」(学研パブリッシング 일본)

싹채소 키우기

초판인쇄 2012년 5월 10일
초판발행 2012년 5월 15일

저 자 장윤아·문보흠·고관달
펴낸이 김중영
펴낸곳 오성출판사

주 소 서울 영등포구 영등포동 6가 147-7
전 화 (02)2635-5667~8
팩 스 (02)835-5550
등 록 1973년 3월 2일 제13-27호

정 가 10,000

ISBN 978-89-7336-157-1

www.osungbook.com

※ 파본은 구입처에서 교환하실 수 있습니다.
※ 독창적인 내용의 무단 전재, 복제를 절대 금합니다.

모든 농사의 시작은 씨앗입니다.
키우는 재미, 먹는 즐거움, 안전한 먹을거리를 원하신다면
바로 농사를 시작하십시오. 자그마한 베란다 공간, 텃밭, 주말농장에서
여러분들은 큰 즐거움을 누릴 수 있습니다. 채소, 화훼, 허브, 새싹,
어린잎, 특수희귀 씨앗 등 다양한 씨앗을 준비하고
있는 아시아 종묘와 함께 하십시오. 여러분들은 도시속에 사는
진정한 농사꾼이 될 수 있을 것입니다.

견본 씨앗을 제공해 주신
아시아 종묘(주)에 감사 드립니다.

아시아종묘(주) www.asiaseed.kr
02-443-4303